螳螂與我在Newtown的咖啡屋

新鎮街頭藝術節 Newtown Festival

　　一生中，有多少次機會，可以讓內心騷動的靈魂，激躍不已？那一天，我經歷到了，感謝雪梨！

　　進入了新鎮街頭藝術節的所在，當下感受到那一輩子最激昂興奮的情緒，銘記於心，難以忘懷。

　　新鎮街頭藝術節就在新鎮Newtown熱鬧中心區的Camperdown Memoried Park，一踏入公園，左邊搖滾音樂區隨即傳來振奮心情的熱鬧舞曲，台上樂團賣力釋放出最勁爆的能量，立刻讓我情緒沸騰，舞台前擠著隨歌起舞搖擺雀躍的人群，後方些則圍坐著陶醉在樂曲裡，面露愉悅神情的人群。舞台旁一輛賣啤酒的攤車，提供了最好的助興，來一罐啤酒的人潮真是絡繹不絕。在現場邊喝啤酒邊聽演唱，享受那種舒爽的興奮感，盡興爽快的我也加入賣啤酒攤車前再來一罐的人潮。到了最後，搖滾歌手在台上邊唱邊脫，裸身竭力嘶吼，透過音響震憾全場，跳舞人群奮力搖頭擺身的瘋狂，掀起了節慶結束前的高潮。

滿坑滿谷人潮，散發著一種胡士托式的狂歡隨興。

往公園內走，到主要的演唱場地，廣闊斜傾的大片草地上，坐擠成千上萬人的場面，豁然在眼前。舞台上，一個個樂團接續演唱各類歌曲，舞台前滿坑滿谷的聽眾人潮，則報以最熱情的回應。望著周邊的人潮，多的是有著波希米亞式的率性穿著、嬉皮式的放蕩玩樂、吉普賽人般的浪遊情調，還散發出藝文氣息的年輕人，另外就是隨興自在的雅皮們，或推著小小孩來個親子同樂。置身其中，直想到那種屬於胡士托式的狂歡氣氛。

公園內還有好些個小型音樂表演，和兒童劇團、雜耍藝人等表演，各自吸引圍觀的人潮，營造出拼場子的熱鬧氣氛，瀰漫整個公園。在角落自成一格的嬉皮區，散發出頹廢虛無的氣氛，別有一種更無拘束的隨興玩樂感。讓藝術節如此熱鬧好玩的，還有公園內四周二、三百個攤位，擺真各種有意思的商品，有精緻藝品、各類服飾、生活雜貨、二手物品，飲食攤位也不少，主要演唱場地旁賣紅酒的攤位是藝術節才有的，而社區機構攤位，和西藏獨立這類意見訴求的特殊攤位，在平常的假日市集也是見不到的，在這由社區主辦的年度節慶活動中才得見。

如此狂歡熱鬧的新鎮街頭藝術節，真是太棒了，希望妳也能有機會現場感受，記得，藝術節在每年十一月的第二個星期日，2000年那一天是11月12日。

鮮艷七彩的帽子，是我最喜歡的雪梨紀念品，忍不住又花17元買了一頂。

Mardi Gras 活動海報前留影

和明星一起喝咖啡

馬丁廣場的電影海報

貼滿藝文活動海報的Glebe咖啡屋

Newtown很藝術的咖啡屋

牛津街上店內有賣咖啡很讚的舊書店

牛津街旁的巴士站

我在墨爾本

我在布里斯班

雪梨情緣
遊與學

李坤城 著

想我那些照片們

代序　　　　　　　　　　　　　　　　　　　　　李坤城

　　十二年，一個生肖的輪轉，從我踏出那個沒有校門的最高學府進入「社會」之後，踏進為了工作賺錢的社會（不辯證工作不應只是賺錢而已）。轉眼十二年了（也經歷過十二個出版事業工作），回憶過往，讓生命告一段落，因著私我的歷程和感受，他者難解。先集結過往的文稿出書，佐以些許照片，文稿已理成，現在，想我那些照片們。

　　看著那些照片，看是一張一張的動作。先看者自是曾經先多加洗備份的，一開始即因為某種意義的呈現而得到特別青睞的照片，也於是，看著這些照片，可以感受到如**羅蘭巴特**所言：「在這鬱悶的荒漠裡，忽然有張相片迎著我，它使我充滿活力，我為它注入生命。」而究其實，可說是在早初攝影的當下，這些照片即存錄了我自覺想要的自我生命的呈現或可期待以引導自我內在生命力的外在景物或人物，而這就是之所以被我得以青睞的「某種意義」。

　　而為什麼是這一張或那一張我觀看的照片給我帶來喜悅，自非如羅蘭巴特所言：「某些相片對我產生的吸引力，最準確的字眼大概是奇遇。這一張碰上了我，那一張沒碰上。」因為，每一張都是我選擇遇上的，但羅蘭巴特此處所言，卻可以解釋在，何以我選擇了這一張或那一張，那個「碰上的奇遇」，在此實是發生在攝影的當下，我自覺的掌握自身當下可能的存錄與再現。而什麼是「自覺的掌握」？就是我營造、選擇攝影的當下空間，在此才說出，我想的那些照片們，自是大都來自我旅遊間的影像記錄，而大都來自三次約八個月的雪梨自助旅遊留影，間或有從雪梨遊到墨爾本、布里斯班的照片，還有我旅遊東京、京都、巴里島、北京、香港、澳門、新加坡……的照片，

此其中雜著「可愛的」戀人相伴出遊的合照,為什麼是「可愛的」戀人?這羅蘭巴特在《戀人絮語》一書中有所解釋:「可愛。說不清自己對戀人的愛慕究竟是怎麼回事,戀人只好用了這麼個呆板的詞兒:『可愛!』」。這是岔題了,而其實,除了自擇遇上的旅遊照片外,倒有幾張是好不容易保存下來的年幼和年少時的照片,和一開頭所言社會工作的記錄照片。

　　總是由簡單說起,會讓別人因精簡扼要而容易共鳴。看我那六歲的照片,圓嘟嘟清純的小臉,和叫我叔叔和舅舅的小小孩的照片如此形似,可以知道遺傳是用照片可以為證的,當然叫我叔叔的要像爸爸,叫我舅舅的要像媽媽。羅蘭巴特說:「有時攝影呈現出在真正臉上(或鏡中反照)從未察覺到的遺傳特性,自己的或親人的某個部位源自祖先。」

　　我看著六歲的我,是該看到自己還是該看到另一個小朋友?我看到自己,我看到他那想要透析鏡頭的眼神,和合著嘴堅毅的表情,原來對人世的體認可以來自六歲孩兒的一張照片,我喜歡他,喜歡我六歲的自己,他留下一張最寶貴的禮物給我,在三十年後,我才去體會這禮物的價值。然後國小、國中、高中、大學的畢業照,告訴我在每一個被教育體制操控自我的階段後,我走過後的表情,看著慶幸,我從那些畢業照裡的過去的我的眼神,看到的是自我想要展現的個人意志,這是如此可親與嚮往。對於社會工作的記錄照片,本存錄不多,因為工作場所是「工作」的地方,如此的社會制約,不待老闆主管約束,自我即制約,或其實,工作的場所讓你覺得不想或沒必要拍張照,那這是另一個探討的社會課題,而我,許也是有某種因緣巧合在,至少當下有一部相機在,不受制約的拍攝自我。此時看著那些難得在過往工作場所中所留影,若在映對著存續的工作場所(可能搬家但前提不變)和場所中昔日的同事,這些留影竟是過往交集的存證。照片就是這麼一回事,羅蘭巴特說:「攝影的確鑿性正是在於詮釋的停頓:我聲嘶力竭只能一再指出『此曾在』。」

唐諾在《讀者時代》書中寫到：「最近聽某人說回憶，解釋為什麼我們總是隨著自己的老去，愈發的容易想起童年，想起我們最原初的時光，只因為——那些最早來的，總是最後一個離開。」這道理之於我是親切的，但我的童年可能起自於國中，而結束於高中，可能幼年過於平淡而無太多記憶，也或許唐諾之語在我身上來套用，就該是「青少年」才貼切，也或許玩樂太過快樂太多下的童年留存不下深刻的記憶，都隨著笑聲消逝。而張大春在《聆聽父親》書中寫出：「是的。回憶使回憶者當下的現實顯得不再那樣沉重，也使逝去的現實顯得輕盈許多。無論多麼深的挫折、刺痛和傷害在留待回憶重述的時候，都會使那消逝在時間裡的當下失去一點點重量。我們回憶、我們嘆息，我們回憶、我們嗤笑，我們回憶、我們斥罵，我們回憶、我們輕嘲。」這或許點出了羅蘭巴特用了「在這鬱悶的荒漠」的前提來迎向照片，因為回憶使當下沉重的現實變輕盈（莫非回憶都起自於當下現實的沉重？），所以那些多麼「深」的過往情感在此之際得以回填。失去了重量就不再顯得有份量，然後就算是過去了，只剩下不再「激情」的嘆息、嗤笑、斥罵，和輕嘲。

想我那些照片們，雪梨的那些，看著看著，猶如羅蘭巴特看著照片說：「我想在那兒生活，細細感受」，也想到米蘭昆德拉著名的書名一句「生活在他方」，對了，就是這份情感，純粹旅遊快樂帶來的曾經如此暢快的生活，讓你總是不斷回想和想在那兒生活，而那一處總是「他方」。當然，總要早先選了個「他方」，因著個人種種情感的選擇，他者難解，我的「他方」於是就是「雪梨」。所以我那雪梨照片是旅遊快樂時光的再現，回憶怎會是沉重？哦！雪梨旅遊快樂時光的憶往當然是愉悅的，但可能也觸及傷逝過往快樂的不再，或是對「照」出現實的沉重。於是我如羅蘭巴特般，「我將此時此刻相片之靜止狀態反注入已過去的拍攝時刻，而正是這停頓狀態構成意定。」看著雪梨的我的照片，找回那拍攝時刻的意定，或變成此刻的意定，然後是一種生命力的轉化或是回填。相片中的我，和現在的我，有一

種親切真實的交流，想到當初所想如卡爾維諾在《帕洛瑪先生》中說的一句話：「因為青春無法且不該固著侷限於此地，只能夠前進，位居他處彼方。」我出走，而現在我想如米蘭昆德拉在《生活在他方》所說：「青春不是人生一個特定時期的名稱，而是超越任何具體年齡的一種價值。」喔！不是要出走，而是尋回永遠青春的心神，我曾經把它存錄在我雪梨那些照片們。

　　看我的相片，一直看著我，會是納西瑟斯（Narcissus）的自戀情結嗎?應該不會，因為納西瑟斯看著自己的鏡像，跌入水裡淹死了，我會掉入電腦裡嗎？給了個科幻題材的癥結點；應該不是，如果是，那看照片便失去了現實的連結，而我卻如此務實的對照著現實的心境和情境，洛斯奈那本泛黃的新潮文庫《精神分析入門》說到：「每個人都多少有點自戀慾，它刺激我們使我們顯得更吸引人。」原來這又是佐證相片刺激我們生命力的說法。在資訊時代整理照片，意謂著掃描、建檔，和歸檔、分類、儲存。而如此，分享藉著網路更加的方便無礙，但我那些照片也可以藉著無礙的分享，也帶給受眾生命力的激發，我就是我，他者或真是難解，但也許他方「雪梨」景致，可以帶給受眾一種快樂的分享。

　　以上一直引用羅蘭巴特談照片的話，都來自他的書《明室‧攝影扎記》，再藉書中一句話來個了結：「從攝影（某些相片）激起的愛情，傳來的是另一種音樂，其名稱很奇怪地已過時了：慈悲。」這句話很真切的給了我想完這些雪梨照片後要的心情——慈悲，這是一種我在現實中難得經驗體悟，乃自身悟性不足所致，慈悲應該是此刻年紀該擁有的心情，雖然我想是永遠青春。

　　「慈悲」二字於心情之外，我的第一個青春回憶，就是久遠之前的某一天，我和高中兩名童軍團伙伴，不知從那露營修煉回來，各背著一個大大的大背包，直接就跑去八德路育達商職旁的電影院看蘇明明主演的《慈悲的滋味》，對於劇情大概記得，一位角色情感鮮明的房東老太太，和蘇明明成熟的女人氣質和年輕大學生的一段引

人思考的情戀，也可能記得不真，因為那電影院在我高三時就不復存了，改成地下舞廳，名字一改再改，只記得我高三去時，它叫SOHO DISCO，而那兩位同學，一位大學時期偶遇一次，失聯快十年後，又遇上了，我在雜誌社上班他在電台上班，公司都不錯，我送他雜誌他送我CD；另一位玩到大學都沒有，就高中後逢年過節一起打麻將十來年，而後他忙著去大陸跑工廠，而我忙著賣書編書買書看書整理書。

也許再來要寫出這十二生肖輪流奔跑的歲月，或甚至上溯我的青少年開始，行義童子軍的「日行一善」從高中就影響了我的往後，或甚雜以我老媽的經歷口述，我老媽一直說著我那開卡車的外祖父，沒讀什書卻都用台灣諺語來闡述人生道理是如此的精確。

目次

APPENDIX-1 》》》 讀書與出版

APPENDIX-2 》》 雜誌行銷暨書店行銷文案選錄

APPENDIX-3 》》 讀過好書推薦

ONE

雪梨精彩

雪梨好玩的美麗海灘

北岸曼利 Manly Beach 和 東郊邦黛 Bondi Beach

雪梨出名的旅遊特色，就是有很多潔淨清爽的美麗海灘，在近郊濱臨太平洋的東海岸，有 一、二十個海灘，最出名好玩的兩個海灘是曼利海灘和邦黛海灘，正好在雪梨港灣一北一南。

到海灘戲水玩樂是雪梨市民最熱愛的假日休閒娛樂，游泳、浮潛之外，還有衝浪這特別的水上活動，因為雪梨的海灘大都是很棒的衝浪海域，早已全球出名，隨時都吸引一群愛好者專程就到雪梨來玩衝浪。

有意思的是，很多雪梨人到沙灘上就只是曬太陽作日光浴，就是要把皮膚曬成很美的古銅色，在週末假日的沙灘上，妳可以看到躺著一群健美身材的帥哥，和身材曼妙的妙齡女郎，這可是很吸引遊客的海灘景致。

到雪梨， 定要去見識海灘的美麗，而且讓自己玩得很高興，如果少了這海灘玩樂，一定會有人告訴妳，真的太遺憾了。要到海灘玩，週末假日時遊客最多，也最熱鬧好玩，當然要是出太陽的晴朗好天氣，好在雪梨有個很棒的旅遊特色，就是一年四季經常是晴朗的好天氣，連冬季的白天也大都有溫暖冬陽，真不巧碰上雪梨難見的陰雨天，只好安慰自己是欣賞另一種景致。

曼利海灘在雪梨北岸的曼利Manly，是一處三面環

熱鬧好玩的曼利海灘，吸引著全世界遊客慕名而來

海的半島形地區，半島南端就是雪梨港面向太平洋出海口的北方屏障北角North Head。長達3公里廣闊的潔白沙灘，適合衝浪的海域，和沙灘旁綿延高聳的杉木林蔭步道，這獨特優美的海邊景致，讓它成為雪梨市民喜好玩樂的海灘區，也吸引全世界大量慕名而來的遊客，更是喜好衝浪者的朝聖地。

從環堤碼頭坐渡輪到曼利海灘，就是一趟美妙的雪梨港灣渡輪遊程，可以欣賞到壯麗的港灣出海口景致。曼利海灘區已是一個熱鬧的景點區，渡輪碼頭就是一座小商場，碼頭邊還有海洋世界水族館、藝廊博物館，出了碼頭區，到海灘前先經過的是有徒步區廣場的商店街，海灘上路旁更相連著的咖啡屋、餐廳、酒館。

邦黛海灘和曼利海灘同為雪梨最出名的海灘，廣闊綿延的潔靜沙灘，和適合衝浪的美麗海域，總吸引著大量的遊客前來玩樂。Bondi之名於1827年確立，源出於當地原住民語，意思是「海浪沖擊礁石的聲音」，很傳神的道出海灘的特色。

邦黛海灘位在雪梨東郊，靠近雪梨市區，交通便利，遊客到訪很方便，而雪梨人口較密集的東南部居民大都就近到此，所以，顯得比曼利海灘更熱鬧好玩些。若要說，曼利海灘的風景比較優雅，但邦黛海灘卻有比較隨興的玩樂氣氛，海灘邊有相連整片的美麗公園綠地，還有斜坡路面的廣闊視野，讓遊客能清楚眺望整個海灘區風景。

邦黛海灘正中間的邦黛展覽館Bondi Pavilion，是此區最重要的展覽和活動場所，隨時舉辦有各類展覽，展覽館旁就是海灘的餐飲區，有很棒的露天咖啡區。

邦黛海灘上享受太陽照曬的上空妙齡女郎

雪梨博物館

主題之旅

雪梨博物館

Museum of Sydney

雪梨博物館,簡稱MOS,展出雪梨早初開拓發展時的文物,是了解雪梨過往歷史的地方。開館於1995年,是從第一任總督菲利浦建於1788年的官邸原址改建而成,在博物館一樓大廳地板,有幾座玻璃鑲嵌廚櫃,保存原建築的磚塊石材供民眾參觀。

博物館赭色建築的外貌非常炫美,令人忍不住駐足欣賞良久,記得一定要拍照留念。館前有寬闊的廣場,不時舉辦有藝文表演活動。靠近落地玻璃大門前的廣場旁有一巨大圓木柱群,是一座紀念土著的大型藝術品,木柱上刻有土著的名字,已成為博物館獨特的標誌。廣場旁的MOS Café,有著美麗廊道戶外咖啡座,相連著以展售藝術書籍為主的博物館藝品店。

買票上樓參觀,迎面就是二、三層樓高的巨大電視牆,螢幕上展現雪梨美麗的獨特大自然景觀。二樓左邊是殖民主題Colony展區,一座一層樓高的大型玻璃櫥櫃,分層展示早初殖民時期使用的各式器具,櫥櫃前有一座展示抽屜櫃,28個抽屜裡收藏著具有考古價值的器具和石材,若不留意,很可能將抽屜櫃誤以為只是擺設用的不銹鋼金

雕刻原住民名字以為
紀念的大圓木柱

屬立桌。二樓右邊為配有電視影片播放的原住民生活器具展區，還有一間做為播放主題短片的視聽室AGL Theatre。

三樓展覽大廳常態展出表現雪梨風貌的景觀照片，另有附圖說的歷史照片，將1788年殖民以來的歷史大事，斷分成八個時期各別解說。左邊是一座大型玻璃櫥櫃牆，展示一百多年前雪梨海上貿易往來的商品，如絲綢、棉紗、可可豆、蜂蜜、煙草、珍珠...等，介紹文中包括有與中國貿易的歷史，此區也設有一座展品抽屜櫃。櫥櫃牆後為Bond Store展覽室，用聲音訴說關於早期移民船難的悲慘故事，為了製造現場效果，房間陰陰暗暗的，只有微弱的燈光照明，大白天一個人走進去，都還感覺蠻恐怖的。另有一間Places of Memory，播放早初市民生活的紀錄影片，有意思的是房間貼滿舊報紙及五0年代的雜誌封面，並且放置大組沙發椅，讓你很舒服觀賞影片。二樓還有一間展覽廳Focus Gallery，是舉辦主題展覽的地方。在三樓角落的小房間Lookout，讓妳透過落地玻璃窗瞭望街景，結束這趟豐富的博物館之旅前，先在這裡歇息一下，真得很不錯。

非常受歡迎的MOS Café，常是高朋滿座

新南威爾斯美術館

Art Gallery of New South Wales

　　新南威爾斯美術館是一棟建於1874年的維多利亞式歷史建築,隸屬於雪梨所在的新南威爾斯州政府,位於市中心領地公園The Domain旁。

　　美術館珍藏有豐富的歐洲15世紀到19世紀畫作,和19世紀澳洲本土畫家的畫作,是澳洲頂級的美術館,在國際上很有其藝術地位。免費入內參觀,一樓廣大的主題展覽空間外,就是上述珍藏畫作常態展出的展覽間,欣賞那些百年以上歷史的油畫,真是美得令妳讚歎。還有一間很棒的藝品店,展售有超過3000本的美術主題書籍,精美攝影作品和畫作海報售價約17元。

　　往下一樓,有一間亞洲館展出亞洲藝術品,包括印尼帛畫、中國陶瓷、日本武士刀、泰國佛像等東方文化藝術品。還有一間美拉尼西

新南威爾斯美術館百年歷史建築的外觀

亞美術館Melanesian Art和一處主題展覽空間。往下二樓為現代美術
館、原住民美術館,和一間版畫、素描、攝影的學習室。往下三樓則
有一間領地劇院Domain Theatre,不定期播放主題影片。除了展覽區,
美術館內1樓、地下1樓都有咖啡屋,二樓則有一家餐廳。美術館也常
舉辦各類主題的演講、座談會,也舉辦音樂會。

MASKS OF MYSTERY
FROM CHINA'S ANCIENT SHU KINGDOM

22 DECEMBER 2000-18 MARCH 2001 **IN SYDNEY ONLY**

ART
GALLERY
NSW

假面之謎:中國古蜀青銅器

展覽日期:2000年12月22日-2001年3月18日

1986年7月,在四川成都附近一個叫三星堆的村子
邊,農民挖土時意外地出了繼秦始皇兵馬俑後舉世
震驚的古代珍寶;在兩個深坑中,埋藏著一千
多件屬於三千多年前古蜀國時期的青銅器和玉器。
其中讓人矚目結舌的是百餘件真人大小戴有假面的
青銅人像。它們表情奇特,嚴峻冷漠,有的戴有金
面罩,有的眼球呈柱狀凸出,令人望而生畏。關於
古蜀歷史,我們所知甚少。這些人像是誰製作的?
是什麼原因使得它們被埋掉?請來新南威爾士藝術
博物館參觀"假面之謎:中國古蜀青銅器"展。

CATALOGUE Masks of Mystery by Dr Liu Yang and Edmund Capon
available from the Gallery Shop: tel (02) 9225 1718, fax (02) 9233 5184
email galleryshop@ag.nsw.gov.au

INFORMATION What's On Line (02) 9225 1790 Enquiries (02) 9225 1744
Membership (02) 9225 1878 Education (02) 9225 174
www.artgallery.nsw.gov.au

PARKING Masks of Mystery exhibition visitors receive $11 per day
weekday discount rate at the Domain Carpark.

Principal Sponsor   Supporting Sponsor   Presented in
Cody Outdoor   Landmark Parkroyal   association with
TOWER   Sydney Festival

ART GALLERY OF NEW SOUTH WALES
Art Gallery Road, The Domain, Sydney NSW 2000
Gallery Hours Daily 10am-5pm (closed Christmas Day)
Wednesday late night openings 24, 31 January until 5 pm
Exhibition admission: $10. $6 concession. $3 booked school groups

美術館中國三星堆古蜀青銅器【假面之迷】展
覽文宣

澳洲博物館

Australian Museum

澳洲博物館收藏有澳洲豐富的自然生態珍貴史料，是澳洲此類博物館的權威，更是世界上最佳的自然歷史博物館之一。博物館早在1827年就已成立，開始有計劃的收藏歷史文物，是澳洲第一座博物館。1849年於現址蓋起博物館大樓後，遷移至此也已有150多年，隨著館藏的增加，博物館建築持續擴建。

博物館內的恐龍化石展出，是最吸引遊客的項目，一隻從南澳挖掘出的1億1千萬多年前的蛇頸龍化石，可說是展出的重點。另外還有動物、植物、昆蟲、鳥類等遠古生物化石的標本展出，到此一遊，可以很清楚了解澳洲自古以來的生態演變發展。而具有教育意義的寶石與礦物展示區，可以了解到澳洲地質相關科學。

澳洲博物館還有另一項全世界知名的館藏，就是原住民文物收藏，除了澳洲大陸的原住民，還包括有南太平洋島國原住民的生活文物收藏品，豐富的展出是遊客了解原住民歷史文化絕佳的地方，此外，博物館還提供有非常具學術價值的原住民文化研究。

博物館內就有很棒的咖啡屋，還有一間展售以澳洲主題相關書籍為主的商店，在此可以選購些精美的紀念藝品。

澳洲博物館古樸雄偉的建築外觀

雪梨當代藝術館

Museum of Contemporary Art

　　位在環堤碼頭西側的雪梨當代藝術館，簡稱MCA，一棟聳立在雪梨港灣邊的大型現代建築，藝術館前公園草坪和港邊步道，是遊客漫步散心和休憩的地方。

　　藝術館主要為提供寬敞的展覽空間，展出現代風格的藝術品，維持著很好的世界級藝術水準，在國際藝術界頗有重要地位。館內一般提供兩個大型主題展覽，和一些小型的展覽。主題展多是邀請藝術成就已獲肯定的當代藝術家，舉辦個人作品主題展，常搭有紀錄影片展出，也會有座談會和討論會的舉行。小型展覽是以當代藝術品展出為主，如裝飾藝術品展、裝置藝術展、原住民現代藝術作品等。

　　入口處旁的MCA Store，展售精美的設計商品，有各式器皿，還有背包、書籍、筆記書、卡片，在這裡可以買到藝術館歷年來展覽的大幅文宣海報，商品的價錢實在，紀念T恤一件20元、咖啡杯組20元、背包30元、帽子40元。

　　藝術館隔著港灣正對著歌劇院，坐在館前MCA Cafe咖啡座，品嚐咖啡欣賞歌劇院港灣美景，是很棒的享受。MCA Café提供有不錯的海鮮餐點和澳洲現代西餐，用餐約15元起。藝術館後方，就是熱鬧的岩石區。

當代藝術館本身就是一件
當代建築藝術品

動力博物館
Powerhouse Museum

動力博物館是由老舊發電廠改建而成,建於1880年的發電廠,當初所產生的電力即是供達令港貨運碼頭區使用,如今館內還保存有上百年歷史的發電引擎和鍋爐。

1988年才整建完成對外開放的動力博物館,以應用科學物品的收藏為主,館藏有眾多具重大歷史價值的早期工業設備,已是世界上此類主題博物館頗具水準的一座。不過,可別被誤導了,館內展覽其實包羅萬象,常有很多各類藝術品的展出,參觀一遊,一定給你最Power的參觀享受。

博物館內空間很大,進入展館正中為紀念商品店,展售有博物館出版印行,主題繁多的展覽專書,還有各類藝術書籍和藝品,可說是一間很棒的藝術書店。

一樓就分成幾個主題展覽區,展出藝品常來自世界各地。展區中有一座建造於14世紀的大型古董鐘Strasburg Clock,是博物館著名的館藏之一,大鐘外觀有古老的手工精緻雕刻和繪畫,可見識幾世紀前精美的手工技藝。展區後方為紀念工業革命的老蒸汽機展示區,有一輛開駛於1855年,而於1877

造型也很有動力的動力博物館

年退休的古董老火車，附有詳細圖文介紹，是火車迷不可錯過的寶貝。

往上一樓，主要懸掛著舊式的輕型飛機，較特別的是有一間以展出亞洲歷史文物、藝術品為主的展覽館，館旁有透天玻璃屋頂的餐廳，是用餐休憩的好地方。

往下一樓，是呈現早期社會生活的主題展區，設計出一座早期居民的生活村落，有仿照1880年代的藥房，和再現早初各類工作的房舍，如麵包店、釀酒房、鄉村廚房、裁縫間等，房舍內多有歷史文物陳列展出。展區後方就是館藏重點之一的百年古董發電機，另有一座很有歷史懷舊感的古董電動旋轉木馬，在每天1:15pm和3:30pm還會啟動旋轉並播放音樂。

再往下至底層，是很具特色的太空主題展區，展出有太空船、模型太空艙，和裝備齊全的太空人模特兒。此樓層還設有很具教育意義的操作實驗區，讓妳實地操作各類器具，了解各項化學、物理等基本科學原理。底層外邊就是露天庭院，有戶外咖啡座可以坐坐，不過要小心鴿屎從天而降，有牌子提醒遊客別餵食鴿子。

博物館中展出的Student Fashion Awards 展覽文宣

033

海關大樓博物館

Customs House

　　海關大樓是建於1845年的歷史建築，在服務了145年後，於1990年重新整建。1998年再度開放時，已是環堤碼頭邊一座很有特色的博物館，也成了雪梨港灣旁一個重要的旅遊景點。

　　重新開幕的海關大樓，目標做為雪梨一個主要的文化中心，並自許博物館成為以回顧歷史而展望未來的「雪梨之窗」。

　　入口旁有兩家精緻的藝品店，一是銷售原住民藝品的Djamu Gallery Shop，一是展售現代藝品的Object Store。一樓整棟挑空的中庭展場，不定期推出和雪梨市相關的各類主題展覽，如時髦的澳洲現代時裝展，就在此舉行。二樓是一家Section 51餐廳，很現代感的精美裝潢，氣氛很好。

　　三樓的Object Galleries藝術館，不定期展出精緻的現代設計藝品，展出藝品來自全世界。上了四樓，就是博物館最重要的展覽區，名為城市展覽空間City Exhibition Space，以雪梨城市空間發展為展出重點，包括有對雪梨市未來建設的規劃，到雪梨一遊，不應錯過這個

海關大樓是150多年的歷史建築

可以深入了解她的地方。展覽空間擺放有三、四坪大小的雪梨市區立體建築物模型，比例為1:500，模型旁邊提供觸摸式螢幕的導覽說明。另有有一間稱做Harbour Room的展覽館，展出有雪梨歌劇院、港灣大橋的歷史圖片，並附有解說，也陳列相關雪梨港灣的歷史文物，還有港灣區新年施放煙火的精彩短片可欣賞。當妳看牆上關於港灣大橋全長503公尺、寬48.8公尺的附圖解說時，從旁邊的窗戶望出去正好可以親睹大橋的壯觀實景，真是很棒的特別感受。

博物館五樓改建裝潢後，成為一家很棒的咖啡屋Cafe Sydney，有整面的落地窗戶，讓妳居高臨下欣賞雪梨港灣夜景，尤其夜景更是美麗，在這裡用餐約16元起。

大樓一樓入口處就有兩家咖啡屋，左邊為Quay Bar，右邊是Caffe Bianchi，營業時間比博物館開放時間為晚，都在館前廣場設有露天咖啡座，就算沒進去參觀博物館，在這裡喝咖啡就是很舒服的享受，看著廣場上來往聚集的遊客，很有異國旅遊情調。

博物館完全挑空的中庭，
頂樓是Café Sydney

雪梨猶太博物館

Sydney Jewish Museum

　　雪梨猶太博物館是雪梨一座很出名的主題博物館，展出文物很豐富也很具價值。博物館長期固定展出有希特勒大屠殺猶太人的那段浩劫歷史，館內還隨時有大屠殺的倖存者做現場解說義工人員。猶太人都有很強的民族意識，對過往被迫害的歷史，從不忘教育後代子孫，或提醒世人，這座博物館已是雪梨猶太移民的精神堡壘。

　　博物館另一個長期固定的展出，就是猶太人的傳統文化和習俗文物展，其中包括猶太移民在澳洲的歷史和生活經驗，文物展出上溯到1788年時，搭乘第一艦隊到雪梨來的第一代猶太移民。

　　雪梨猶太博物館也不定期舉辦主題展覽，像愛因斯坦這類出名的偉人猶太人，常是展覽的主題。博物館的位置不在熱鬧的街區，一定要專門找路過去。博物館旁有一小公園，公園正中間有一棟很棒的咖啡屋，在環境清幽的公園內喝咖啡感覺很舒服。

優雅門面的博物館裡有著
人類最不堪的大屠殺歷史

雪梨美麗公園

主題之旅

　　皇家植物園、領地公園、海德公園在市中心處相連，讓雪梨市區看起來有三分之一是綠地公園，成就了雪梨為全世界出名的美麗城市，雪梨市民除了喜愛，更有一份驕傲在。

　　市區東南方的百年紀念公園，也是雪梨著名的大公園，此外，還有多處公園綠地，散佈在雪梨市區各地，雪梨港灣邊的雪梨港國家公園、岩石區的天文台丘公園、達令港的中國誼園、雪梨大學旁的維多利亞公園等這幾處是算比較大的公園。

皇家植物園

Royal Botanic Gardens

　　就在雪梨港灣邊的皇家植物園，佔地30公頃大，攤開地圖來看，整個植物園面積比環堤碼頭區加岩石區還要大。

　　植物園內可欣賞繁多的美麗植物，還有很棒的雪梨港灣美景，非常值得一遊，不過，真要好好逛玩一圈，可能要大半天以上。

　　植物園四周共有10來個入口，最為遊客知道的當然是雪梨歌劇院旁的入口，從這裡進入逛公園，可以沿著農莊灣Farm Cove灣邊步道，走到麥奎利夫人角Mrs Macquaries Point，可以欣賞到雪梨歌劇院和港灣大橋相連一線的港灣景致，是雪梨著名的觀景區，這裡有一處名勝古蹟麥奎利夫人椅Mrs Macquaries Chair，因為這位麥奎利總督夫人在19世紀時，喜歡坐在這裡看海景，當年夫人坐的石頭如今被刻成供遊客坐下來拍照留戀的石椅。過了夫人角就算是雪梨有名的軍港烏魯木魯灣Woolloomooloo Bay，灣裡停靠有澳洲皇家海軍軍艦，沿著灣邊步道再往前走，就是Andrew Charlton 露天游泳池。

　　欣賞過園邊的港灣美景，再來欣賞園內美麗的植物。園內設有不同生態風貌的植物區，最出名的是雪梨熱帶中心Sydney Tropical Centre，中心是一座很特別的金字塔造型玻璃屋，屋內控制為熱帶植物生長的氣候環

園內的裸男石雕像，重要部位用石葉子遮住

境，總是熱氣霧氣濛濛一片，遊逛其中蠻有意思，要買門票參觀。

園區最重要的，應是1985年為研究澳洲植物而設立的國立植物標本館National Herbarium，館內有當初1770年庫克船長首航至農場灣所採集的植物標本，館藏植物標本共有百萬多個。比較主要的，還有風情優雅的棕櫚園Palm Grove，有百年以上的棕櫚樹，和雪梨羊齒植物區Sydney Fernery。

從麥奎利街靠近卡西爾快速道路的Palace Garden Gate，也是逛植物園的好開始，入口大門前有露天咖啡座，往裡走有一座美麗的玫瑰公園Rose Garden，走不久就可以看到一座被青綠草坪圍繞的大雕像，旁邊總隨地而坐一些休閒散心的人，看上去是一幅很舒服的景致。再往裡走，東南邊就是雪梨熱帶中心了，東北邊方向則有Gardens Restaurant，一座很棒的公園餐廳，營業時間為8am-4pm，餐廳相連著一間商店Gardens Shop，銷售有植物園相關主題的書籍。

從麥奎利夫人角欣賞到的雪梨歌劇院和港灣大橋相連港灣美景

海德公園

Hyde Park

　　雖然沒有皇家植物園的宏大，可海德公園這名字就讓人覺得很浪漫，它的命名源起於英國倫敦出名的海德公園。

　　公園北側，靠近St James火車站，有一座阿奇伯噴水池Archibald Fountain，圓扇形的噴水泉，圍著多座花崗石基座的華美青銅雕像，以池中太陽神阿波羅主雕像最是宏偉，這是雪梨出名的景點地標，也是遊客必要拍照留戀的地方。從噴水池往南看，是一條浪漫得不得了的的林蔭大道，長1公里多，和伴侶攜手走過，會留下很棒的回憶。

　　公園南側底端，就是令人蕭穆的澳紐軍團紀念堂Anzac War Memorial (Anzac是Australian and New Zealand Corps的簡稱)，紀念堂建於1934年，紀念在一、二次世界大戰中陣亡的軍人。這是一座裝

阿奇伯噴水池是海德公園內出名的景點地標

飾藝術風格表現完美的紀念堂，裡面就是一座小型的博物館，免費入內參觀，進去就會看到一座象徵罹難軍人的雕像，圓形屋頂上滿布的星星標誌，意指第一次大戰自願從軍的軍人。館內展出有軍隊相關的歷史文物和照片。紀念堂前有一長方型大水池，名為回憶池Pool of Remembrance。

　　英國殖民之初，這一片公園綠地原為總督官邸屬地，後於1792年才開放為市民休憩的公園，如今是附近辦公大樓上班族午間用餐的好地方，周末假日則可見很多雪梨市民到這裡來野餐。

　　海德公園西側相鄰市中心商業區，從Market St的大衛瓊斯百貨公司走過來，是一個很好的入園處，入口旁就是ST JAMES火車站和露天咖啡座，公園步道旁常可看到有人玩著特大的西洋棋，以地為棋盤，很有意思。公園被公園街Park St隔成南北兩區，從公園街相連的威廉街，順路走到國王十字區約只要20來分鐘。公園南邊是利物浦街，相接雪梨市區最好逛的商店大街牛津街，利物浦街上就有巴士站，我常從這裡搭巴士到牛津街後段，或坐到邦黛海灘。

　　在公園西南角利物浦街和伊莉沙白街交叉的路口，正是Museum火車站，火車站後面有一間很棒的Hyde Park Café。海德公園南區周遭有多間觀光飯店，正是以海德公園的美麗景致為吸引遊客的賣點，西邊伊莉沙白街有Hyde Park Inn飯店，住一晚從130元起，東邊有國際連鎖觀光飯店Sydney Marriott Hotel和住一晚要235元起的Hyde Park Plaza。

公園中令人肅穆的澳紐軍團紀念堂

百年紀念公園

Centennial Park

　　百年紀念公園是於1888年整建成對大眾開放的公園，用來紀念「發現」澳洲一百周年。之後，1901年1月在公園內舉行了澳洲聯邦成立宣示大會，因為這活動，百年紀念公園永遠是澳洲歷史上很重要的一個地方。

　　公園佔地220公頃，早先是雪梨市區附近主要的大牧場，原名為雪梨公有地Sydney Common。現在這裡是雪梨市最大的一片公園綠地，成為市民理想的休閒運動場所，也是假日野餐的好去處。公園內有多條大道Drive，主要大道Grand Drive在公園內的外圍繞行一大圈，是最適合騎自行車遊逛的車道。

Centennial Parklands 餐廳前有百年紀念公園的平面圖和活動預告看版

　　公園主要入口Paddington Gate，在牛津街和皇后街Queen St交叉的路口，入口處旁先是一處有小孩子玩樂設施、廁所的小園區，其旁是一大片平坦綠地的曲棍球球場。往裡走，公園遼闊的綠地就會在眼前展開，走到公園中心處Parkes Drive和dicken Drive的交接處，就是公園餐廳Centennial Parklands所在，設有露天咖啡座，消費不便宜，餐廳周圍就有廁所、電話等公共設施。公園管理處Park Office就在餐廳後方，可以詢問園內相關服務。

　　從餐廳往東邊走幾分鐘，有一座聯邦展示館Federation Pavilion，於1988年慶祝澳洲兩百周年時開幕，主要展出澳洲聯邦成立的紀念文物。從餐廳處往公園後方再走去，有多座池塘，池塘很大，像是河岸的景觀，會讓妳誤以會是條河流。

　　百年紀念公園也是雪梨舉辦戶外音樂會主要的場地，每有大型活動就會湧進上萬的觀賞群眾。公園西邊相鄰有福斯影城和摩爾公園。

百年紀念公園內原始林木湖池的景致

藍山國家公園
Blue Mountain National Park

　　位在雪梨西邊約100公里的藍山國家公園，美麗遼闊的青綠山巒峽谷，是妳旅遊雪梨不可錯過的美景。這雪梨最著名的郊區山林風景，已於2000年年底正式被聯合國列為「世界遺產」，將可受到國際性的景觀保護監督。

　　藍山並不是一座獨立的大山，它是屬於通往澳洲中部內陸的大分水領山脈Great Dividing Range的一部份，大分水領山脈劃分為三個國家公園保護區，藍山的上方是瓦樂比國家公園Wollemi National Park，下方則是卡納加博迪國家公園 Kanangra Boyd National Park。藍山公園區早初被探勘出有翻越大分水領的通道後，就興建出一條通往內陸的主要幹道大西部公路Great Western Highway，火車路線也併行著公路行駛，便捷的交通使藍山發展成出名的觀光風景區。

　　海拔高度約1100公尺的藍山，幅員面積廣闊，所以名為藍山，是因山中的尤加利樹散發出來的油脂樹氣，經陽光照射後，呈現為藍色薄霧瀰漫整個山谷，這裡的天空也因此總是特別的藍。山區裡鬱鬱蔥蔥的叢林樹海景觀外，還有陡峭懸崖、峽谷和瀑布等壯麗景觀，有著奇特三姊妹巨岩的回音角美麗山谷景致是最為出名的風景點，也是藍山的地標風景。

雪梨近郊最著名的景點—藍山

　　遊藍山，最好的方式當然是自行開車前往，沿途隨興遊玩。沒有車開，參加旅行社行程也很方便，還是喜歡自助旅遊，可以從中央火車站坐火車到卡通巴Katoomba，再搭乘山區遊覽巴士。當妳坐火車進入山區後，車窗外兩邊就可欣賞到很棒的山林風景，如果妳是在雪梨春天時11、12月到訪，更可以看到沿路綿延開滿黃色小野菊的景致。

　　卡通巴外，還有前一站的蘿拉，都是非常值得遊逛的山中城鎮，其他相鄰的幾處熱鬧城鎮，如果有時間，坐火車一站一站走走看看很不錯，不過，記得先從火車站拿一本藍山地區火車時刻表Blue Mountains Line，趁班車間距出站遊逛，才不會浪費等火車的時間。

　　在山區旅遊，花在徒步遊逛和交通時間上會蠻多的，真要玩透些，可以選擇在山中過夜，多玩一天，山區的夜晚會很寒冷，要過夜就要準備禦寒的衣服。

在藍山景點拍照賺錢的原住民

雪梨大學

University of Sydney

　　每到一個城市，逛當地最重要的大學，一直是我城市旅遊的重點行程。雪梨大學光是以雪梨為名，就讓人有親臨一遊的想望。

　　雪梨大學就在百老匯大道和葛利伯路交叉路口處，靠近市區處相鄰著一座很美的維多利亞公園，大學門口對面的百老匯大道街旁，有幾家不錯的藝品店。

　　雪梨大學是澳洲第一所大學，成立於1850年，也是雪梨最重要的大學，擁有澳洲最大的圖書館館藏。走進校園，在右手邊可以發現一座很別致的「蹲讀的學生」（這名字是我取的）石雕。走一會，妳就看到矗立在校園中那棟仿英國19世紀牛津、劍橋式的主建築，優雅雄偉，是雪梨大學全世界知名的地標建築，也是值得引以為誇耀的大學

優雅雄偉的雪梨大學主建築

特色，一定要記得拍照留念，好好欣賞這棟像座城堡的建築外觀後，走進其中感受一下，入口處有大學紀念品店。

　　大學內還有多棟優美的歷史老建築，建築間到處是綠意盎然的大草坪，看草坪上圍座的年輕學生，表現了雪梨大學傳統和現代兼備的特色。漫步校園，隨意逛逛，妳有可能聽到走過的學生正講著親切的國語，因為這裡有一些台灣留學生，尤其在暑假時有更多的遊學生。到了後門入口處，有一棟學生活動中心，有文具店、飲食雜貨店，還有自助式學生餐廳，逛雪梨大學，我總在這裡和學生一起用餐，體驗一下遊學的滋味。一樓還有戶外咖啡座，總是聚集著一些學生。

　　後門外是城市路City Rd，妳會看到一座天橋，因為雪梨大學被城市路隔成兩個校區。從城市路往南走約十來分鐘就是新鎮Newtown了，不很遠，但沿著學校外牆走會有些無聊，可以從這裡搭公車到新鎮，也可以搭巴士回市中心。走天橋進入後方校區，往前走一會，有一家The Co-op Bookshop書店，提供有折扣書。

校園內「蹲讀的學生」石雕，讀得真的很認真

雪梨中國城

Chinatown

　　中國城區就在市中心，也是雪梨的觀光景點區，滿街的中文商家招牌，連街道標示牌也是中文的，來往多的是華人，到這裡讓妳有親切安心的感覺，可以用中文詢問了解需要的訊息。

　　北起高賓街，南到禧街，中間平行互通德信街、沙瑟街兩條街區，這一方形區是主要的雪梨中國城區。但隨著華人越來越多，也是中國城區經營發展得宜，一直在擴張它的範圍，可以說北到利物浦街，東邊跨過喬治街到華文社所在的畢特街，往南走喬治街經過首都廣場到中央火車站附近，這大區域裡多的是華人商家，都可算上是泛中國城區了。西邊就沒什麼好擴展的，那是自成完好一區的達令港，是可以把那座中國庭園誼園，算做是中國城的延伸。逛中國城，當然是過中國農曆年的時候最有熱鬧的氣氛。

　　這是一個各類商家很多，日常生活運作機能很發達的中國城區。最出名的當然是中國餐館，真的

雪梨中國城街口「繼往開來」的中國牌樓

很多，中國各地方的口味，相信在這裡妳都嚐得到，平常也吸引不少
澳洲西方人來品嚐中國美食。對台灣遊客來說，很重要的是在沙瑟街
上有多家經辦雪梨郊區景點一日遊的華人旅行社，讓妳可以用中文清
楚了解行程。還有就是，有多家中文書店可以逛逛。

　　除了德信街、沙瑟街這兩條中國城區主要街道外，以大範圍來看
中國城區，妳會發現周遭很可以花些時間遊逛，有樓下是佩迪斯市集
的市集城商場，還有相鄰喬治街和高賓街的街區上商家，走到文華社
這間雪梨最大的華人俱樂部玩玩後，順便逛逛相連的畢特街上商家，
還有首都劇院和中文圖書館所在的首都廣場區也很熱鬧。

疊椅子舞龍舞師的傳統中國過
年習俗，在台北都難得看到

特寫：澳洲華人移民小史

　　華人如今已是澳洲重要的移民族群之一，所謂的重要，妳可以從大選時，候選人會重視華人社群的意見，就可以知道了，有選票的力量，表示他們都有著澳洲居民的身分。這和近年來兩岸三地華人移居澳洲的數量一直在增加，當然大有關係，不過，妳可知道，早在1848年就有華人前往澳洲定居了。

　　話說19世紀中期後大清帝國腐敗不堪，民生困苦，於是在勞工仲介商人的推動下，以沿海貧苦農民為主的「華工」，開始輸往國外，在當時的英商德記洋行的招募下，1848年第一批的華工前往澳洲，包括100名成年人、21名童工。

　　至1851年澳洲發現金礦前，據估計有5000名華人抵達澳洲，主要在農場工作。

　　1851年墨爾本所在的維多利亞州發現金礦，而前一年的中國則是發生洪秀全太平天國起義，在生活更困苦下，更多人湧向澳洲去淘金，相對於早先美國的「舊金山」，維多利亞州則是「新金山」。據統計，到1857年這批淘金的華人已達30000人，大多數為廣東人，雖然有人淘完金就回國，但留在澳洲定居的也不在少數，這可以解釋何以澳洲中國城區大都是廣東人的文化為主，雖然，隨著時代變遷，中國城的廣東文化已漸式微。

　　早初的華人到西方國家，多少都會受到種族歧視的傷害，在澳洲也是一樣。淘金的利益導致了紛爭，華工的勤奮，卻引起20多萬歐洲籍礦工的不滿，開始對華人排斥，甚或欺侮，1857年爆發了巴克蘭河

Buckland River礦區的歐洲籍礦工暴力攻擊華人的重大衝突，只有2萬多人的華工當然吃虧，死亡3人，受傷數十人，這是第一次重大的排華暴亂，倒是當時澳洲社會輿論有發出責難的嚴詞，也有善良的澳洲人庇護華工。

在澳洲排華衝突的緊張關係仍存在的期間，布里斯班所在的昆士蘭州又發現金礦，仍有大批華工前往，又引起更激烈的排華聲讓，但因為昆士蘭州礦區氣候炎熱，採礦環境差，較能耐苦的華人有17000人之多，歐洲籍礦工只有約1400人，人數懸殊下，那裡倒沒有發生暴力攻擊華人的事件。

就在華工在澳洲受侮的期間，清廷政府也有透過官方管道反應交涉，不過，直到1909年才在墨爾本設立駐澳洲總領事署，但此時隨著金礦沒落，華工已不在湧向澳洲，甚或回流中國，排華衝突早已沒有緊張性。

倒是排華衝突期間，澳洲的州際會議於1888年通過了「白澳精神」的移民規範，全1901年澳大利亞聯邦成立後，更制定了完善立法的「聯邦移民限制法」，這就是我們熟知的「白澳政策」移民規範，這個帶有種族歧視的政策直到二次大戰後才被拋棄，說來好笑，因為澳洲政府原以為「白澳政策」實施後，就能接受大量的白色人種移民，誰知此後的移民人數過少，使正待發展

台灣移民的 I have a dream

的澳洲反而因國內人力短缺,使得發展嚴重落後。

　　雖然「白澳政策」的意旨大多數的人都知道,但妳可能不清楚執行的方法。以膚色區分等帶種族歧視的字眼,並沒有在法案中明文寫出,它們用了一個很聰明的辦法來篩選想要接受的移民,那就是使用「語文測驗」,這可不是規定考妳的英文能力,而是隨便它們考任何語言,結果是德國移民就考德文,當然輕鬆過關,碰到黃種人,它們就拿罕見的語文考妳,如阿拉伯文、羅馬尼亞文,這樣夠讓妳淘汰了吧,據記載,還有人被考過蘇格蘭的Gaelic文,我想可說幾近全部在自家國內居住的黃種人連有這種語文都不知道。

　　白澳政策廢止後,需要移民人手的澳洲,開始成為繼美國之後接受大量移民的國家,移民政策也轉變為以經濟發展為考量,雖然還是有著英文能力測驗,但這是澳洲生活的語言,拿來考要移民的人,倒也很應該。

　　如今澳洲已是台灣一個主要移民的去處,但台灣人在澳洲華人中只是少數,在中國和東南亞赤化時,澳洲成為不少華人逃離海外的地方,除了從中國大陸外移的華人,還有大量的越棉寮等國華人,他們移居在雪梨西南郊區的卡巴馬它市,發展成一處中國城區,澳洲從那時起就成為全球人道援助移民人口最多的國家。之後,大陸發生六四天安門事件,當時在澳洲的大陸留學生在經過政治運作後,被澳洲政府接受以政治庇護的因由留澳定居,此後留學生紛紛申請大陸親人依親赴澳定居,這一批大陸移民有數萬人,如今是雪梨華人中為數重多的一群。而因香港在九七回歸大陸統治,也有一批香港人移往澳洲定居,同樣是以英語為官方語言的大英國協香港人,移居澳洲是很方便的。

特寫：
雪梨同性戀文化和同性戀嘉年華狂歡遊行

Sydney Gay & Lesbian Mardi Gras Parade

　　雪梨是個對同性戀很友善的城市，以開放式大街型態，自然展現同性戀文化風貌的達令赫斯特區，一定讓妳感受得到。

　　以牛津街區為主的達令赫斯特區各類商家，一大部份以同志文化風格為主，另一大部份則對同性戀者都很親切友善，而從牛津街延伸過去的佩丁頓區，也有很多同志風格的店家。這裡已是全世界同性戀者嚮往親遊的地方，在街上遊逛，看到同志戀人親密併肩而行，是很稀鬆平常的事。在附近的咖啡屋、書店、唱片行、電影院等藝文氣息濃厚的地方，可拿取到多本免費的同性戀資訊刊物，豐富的資訊會讓妳了解這裡同性戀生活的多采多姿。這裡以男同性戀者聚集較多，妳在區裡出名的同性戀酒吧可以見識到。

　　除了牛津街區，在雪梨南邊市郊的新鎮Newtown，是另一處同性戀者聚集比較多的地方，也有一些同志風格的商店，不過不若達令赫斯特區的同志生活街區風貌明顯，妳也可以說它更自然的和一般街區文化融合在一起，新鎮社區有著頹廢感的藝文調調。

　　讓雪梨的同性戀街區全球出名的，則是每年二月份舉行的雪梨同性戀節慶活動Sydney Gay & Lesbian Mardi Gras Festival，長達一個月的節慶期間，舉辦有上百個活動，熱鬧的舞會、街頭表演、音樂會、電影展、攝影展、繪畫展……等各類型節目都有，活動的場所主要就在達令赫斯特區和佩丁頓街區內，街區裡酒吧更幾乎夜夜都有相關熱鬧的表演節目，而來自全球參與節慶的遊客，讓牛津街上整天都瀰漫有節慶熱鬧氣氛。

　　節慶活動的高潮就在結束前的Mardi Gras Parade，一個嘉年華熱鬧狂歡的同性戀大遊行，來自全世界參加遊行的隊伍，各自以最炫的造型和花招，展現出狂歡愉悅的氣氛，遊行經過的街道邊沿路都是滿滿圍觀的人潮，一起參與這個熱鬧的節慶，據估計整個遊行現場已達到有60萬人的規模。遊行的路線從海德公園旁的利物浦路開始，沿著牛津街前進，至泰勒廣場右轉進菲林德街，直走到摩爾公園。遊行日都選在二月底三月初的那個星期六晚上，要參與盛會，當天可要早一些去佔個好位置，妳也可以邊隨著遊行伍隊前進，然後在摩爾公園終點和參與遊行的表演者合照，那是難得的紀念照喔。

　　Sydney Gay & Lesbian Mardi Gras簡稱Mardi Gras，已是一個負責同性戀節慶活動的常態性組織，有專屬網站，有很豐富的活動相關資訊，還有精彩的遊行照片可以看。Mardi Gras 的節慶由來，源於在1978年的紐約「石牆事件」的紀念日，當時雪梨有一千多人走上牛津街街頭，表達爭取同性戀的權利，隔年確定了Mardi Gras 的遊行活動名稱，更擴大為3000多人的遊行。之後活動就持續擴展，至10週年慶的1987年，已經發展成有大遊行，還有眾多其他熱鬧活動的節慶，更達到超過10萬人參與的規模。如今，Mardi Gras 整整一個月的節慶活動，已是全世界最主要的同性戀活動之一，熱鬧的大遊行更是全世界少數大規模的嘉年華狂歡遊行。

Mardi Gras Parade 大遊行
的狂歡隊伍

TWO

2000年TO'GO旅遊雜誌
自主旅遊行程設計比賽
紐澳組優勝

我在雪梨的日子

盡情揮灑我那年輕的波西米亞藝文情懷

每日行程安排

【前提說明】

　　如何使用大眾交通工具，是自助旅遊者最重要也必要了解的，稍做說明，附件並附上相關資料：

1. 雪梨的火車在市中心區就是地鐵，雪梨港渡輪可到多個景點地區，提到乘坐地鐵、渡輪、巴士者，參看所附的火車、渡輪、巴士路線圖可清楚知道。

2. 墨爾本特有電車，非常方便，參看電車路線圖，可清楚知道。

3. 雪梨的Travel Pass有多種組合模式，依天數、區域、使用交通工具項目，有各種不同名目、費用，很複雜，而且每年常會有所改變，現以所知最近之模式，依每日行程設計，選擇每日購買之交通Pass。

4. 墨爾本的Daily Pass可同時搭乘火車、巴士、電車，只以使用區域有費用之分。

5. 行程步行部份，皆沿著大路行走，參看雪梨、墨爾本市區地圖，即可清楚知道。

　　※ 比較特別的投宿、退房、買車票、寄包裹等，另行於行程外標明出來。

　　※ 將一天的行程時間，主分為上午、下午、晚上，和標示出午晚餐用餐地點。

　　※ 行程安排多做了精簡的敘述，還有標示出地鐵站名、特殊地點的地址，讓人看了得以清楚了解。

【每日行程安排～十一天】

第一天（星期六）

　　星期五pm17:25從台北搭乘長榮航空於星期六am7:40抵達雪梨。

上午：

　　※ 出機場後即可看到「機場巴士」站，拿取資料，坐機場巴士至雪梨市區投宿，約40分鐘車程。

　　※ 投宿雪梨市區kingsCross區臨近地鐵站的Cross Court Hotel，201-203 Brougham st。

　　　（雪梨市區很多適合自助旅遊者投宿的便宜旅館，今列舉一家靠近市中心、臨近地鐵站，交通方便為例，作行程安排）

　　※ 投宿完，步行至地鐵kingsCross站買daily pass，名目為CityHopper，6.6元，可搭乘火車、巴士。

1. 坐地鐵→至中央火車站（Sydney Central站）閒逛、火車站旁的中央巴士站拿取旅遊資料。

2. 步行→至Glebe Point Rd逛街，玩Glebe Market。

　　＊沿中央火車站旁的George St，步行約一、二十分鐘，即可見Glebe Point Rd，會先經過「雪梨技術學院University of Technology」可以進去看看，再經過「自立快報報社」，報社旁有一家EMPORIUM二手雜貨店（147 George St），可進去看看有什麼便宜的舊杯具、書籍、衣飾、擺飾等可以買。

　　＊Glebe Point Rd位於雪梨大學校區附近，隔George St和雪梨大學緊鄰，是為一以大學生為主的玩樂區，藝文氣息濃厚，此區多的是咖啡屋、書店。

　　＊強力推薦：舊書店和咖啡屋。

　　＊位在Glebe Public School週六才有的Glebe Market，有一種很隨興的年輕放縱的藝文氣息。

　　＊在Glebe Market裡買麵包午餐，邊聽露天音樂表演用餐。

下午：

3. 坐巴士→至Oxford St，玩Paddington 週六Market。

　　＊Oxford St為雪梨的精品商業區，和精緻藝文區，亦為同性戀街區，相對於Glebe Market，這裡呈現出的是上班族中產階級的玩樂氛圍，Paddington 週六Market亦是如此，在商品上較精緻，也

較貴。

＊ 逛OXFORD ST整條商店街，一間間書店（新、舊、成人、同性戀主題）、咖啡屋、藝品店、文具禮品店、情趣商品店、電影院等相連成的一條商店街。

＊ 強力推薦：舊書店、新書店和情趣雜貨店、同性戀酒吧。

牛津街猛男同志酒吧

晚上：

4. 步行→至中國城

　＊用晚餐，這裡很多中國餐。

　＊源慧書店，大陸人經營，專賣大陸簡體字版書。

5. 坐巴士→到雪梨港灣的環堤碼頭，看雪梨港灣、歌劇院夜景、喝咖啡。

6. 坐地鐵回旅館。

幽靜的雨天早晨
中的雪梨歌劇院

第二天（星期日）in sydney

※ 買daily pass，名目為 DayRover，16元，可搭乘火車、巴士、渡輪。

※ 今日行程請參看雪梨港、岩石區，和達令港區的地圖對照。

<u>上午</u>：

1. 坐地鐵→至環堤碼頭（Circular Quay站）

  ＊ 欣賞雪梨歌劇院Opera House、參觀歌劇院內部。

  ＊ 歌劇院廣場週日Market，規模小，一些賣觀光客的東西，不是很有特色。

  ＊ 看雪梨港灣美景，在環堤碼頭喝咖啡。

  ＊ 看街頭藝人表演，港灣邊步道常有各種街頭藝人的表演秀，尤其假日更是熱鬧。

2. 步行→至岩石區The Rocks

  ＊ 路口有岩石區旅遊咨詢中心，140 George St Sydney，可拿取旅遊資訊。

  ＊ 逛岩石區商店街，這是雪梨著名的遊客觀光區，很熱鬧，但主要是一些精品店、藝品店，賣得都不便宜，因為是要賣給觀光客，倒是有一些藝廊可參觀，還有不少街頭酒杯，可進去小喝一杯。

  ＊ 逛岩石區週日Market，也很熱鬧，market街頭有街頭藝文表演，主要賣一些精品、藝品，因為也是要賣給觀光客，賣得都不便宜。買玉蜀黍、麥當勞薯條在The Rocks Centre中庭廣場用午餐。

岩石區後方雅靜的住宅區

下午：

3. 步行→上Harbour橋，登上Pylon皮龍眺望台（門票2元），眺望雪
   梨港灣美景。

4. 步行→至The Rocks左方的4號碼頭，逛wharf Theatre舞蹈教室及其
   咖啡屋，喝一杯下午茶，欣賞滿牆的舞蹈表演節目大型海報，從
   落地窗外看閒置的港灣碼頭，很悠閒。

5. 坐渡輪→過雪梨港到北岸的Manly Beach，雪梨著名的海灘。
   ＊ 逛週日Market，規模較小。
   ＊ 漫步漂亮的海灘，曬曬太陽，很舒服。
   ＊ 海灘旁是長長林蔭步道，漫步其間，很悠閒。
   ＊ 強力推薦：街頭酒館。買麵包當晚餐。

雪梨港灣大橋

晚上：

6. 坐渡輪→到達令港Darling Harbour，看夜景，這裡是雪梨著名的
   觀光景點，餐廳多。

7. 步行→至雪梨賭場Star City，見識合法大賭場的輝煌，當然比不上
   拉斯維加斯。
   ＊Karima cafe：位於賭場外的庭廊咖啡，小憩一下不錯。
   ※ 步行回到Town Hall，坐地鐵回旅館。

第三天（星期一）in sydney

※ 買daily pass，名目為CityHopper，6.6元，可搭乘火車、巴士。

※ 今日行程請參看雪梨市區地圖對照。

上午：

1. 坐地鐵→到環堤碼頭

   ＊參觀海關大樓博物館，有一組雪梨城市立體模型可看，樓上窗口可眺望雪梨港灣大橋，在一樓廣場Bilanchi Cafe'喝咖啡。

   ＊參觀當代藝術博物館（門票9元），以當代藝術為展出。

2. 步行→至雪梨博物館（門票6元），位於Pitt St步行至Bridge St街口。

3. 步行→至馬丁廣場Martin Place

   ＊看周圍的高聳商業大樓，中午在廣場舞台看露天表演吃麵包午餐，和雪梨上班族一起圍坐。

   ＊廣場旁大樓B1有Dendy戲院，可去拿宣傳電影小海報。

下午：

4. 以下為步行在雪梨市中心區逛。

   ＊Pitt St Mall徒步區，逛周圍的大商場和百貨公司。

   ＊Pitt St Mall附近有Angus＆Robertson Books書店和Olympic主題商品店。

   ＊George St上有雪梨最大的Dymock連鎖書店。

   ＊維多利亞皇后商場Queen Victoria Building，簡稱QVB，是一棟百年的歷史建築，雪梨著名的觀光景點，裡面是一間間的精品店、服飾店、藝品店，價位都不便宜，一樓的Queens Cafe喝咖啡休憩一下，很好。

   ＊此市區裡有不少平價商品店，可採買小無尾熊等平價紀念品。

   ＊首都劇院，欣賞節目海報，可到其旁紀念品店買歌劇圖樣的紀念品。

   ＊雪梨市區中文圖書館：744 George St，在此看看兩岸三地會集的中文書，旅客繳交aus20元年費亦可借書。

   ＊文華社：雪梨最大的華人俱樂部，裡面亦有吃角子老虎可玩。

5. 步行→沿Hay St，穿過中國城。

   ＊至動力博物館（門票8元），500 Harris St, Ultimo，由舊發電廠改

建，空間很大，以應用科學的物品收藏為主，但也有如樂器、磁器的藝品展出。

晚上：

6. 步行→回中國城

　＊逛Market Cict Shopping Mall，位在中國城內，在Mall裡美食街用中國餐。

　＊澳洲中國書店，2/39 Goulburn St, China Town，大陸人經營，專賣大陸簡體字版書。

7. 步行→至George St，Town Hall旁的市中戲院區，拿宣傳電影小海報。

8. 坐地鐵回King Cross區。

　＊看雪梨最燦爛的夜生活區景觀，路旁一間間Club、酒吧，其中有暗藏色情的。

　＊買綿羊霜、綿羊油、香皂等澳洲特產，自用送禮兩相宜。

　＊到King Cross區著名的El-Alamein Fountain，在其旁Fountain Cafe，18-20Darlinghurst Rd，喝杯 咖啡。

9. 步行回旅館。

第四天（星期二）in sydney

　※ 買daily pass，名目為 DayRover，16元，可搭乘火車、巴士、渡輪。
　※ 今日行程請參看雪梨市區地圖對照。

上午：

1. 坐地鐵→到Newtown站，逛Newtown區，此區亦緊臨雪梨大學，聚集了不少年輕沒錢的藝文工作者，除了大學生的年輕放縱氣息，更有一股頹廢的藝文風格，除了書店和咖啡屋多外，整條主要大馬路King St商店街上，亦多有二手衣飾店、舊貨店，是喜好在舊貨裡挖寶的愛好者的天堂。

　＊強力推薦：舊書店、Dendy戲院和THREE ATE ONE Cafe: 381 King St: 263 King St、Lingue Cafe: 261 King St、Newtown Hotel: 174 King St。

2. 坐巴士→到逛雪梨大學，在學生餐廳用午餐，體會異國遊學的感受。

下午：

3. 坐巴士到環堤碼頭，再坐渡輪→到塔隆加動物園Taronga Zoo。

  ＊ 看無尾熊、袋鼠、鴨嘴獸等澳洲特有動物。

  ＊ 動物園靠港灣之林蔭步道，可從北岸欣賞雪梨港灣和雪梨歌劇院
  美景。

4. 坐渡輪到環堤碼頭，再坐地鐵→逛北雪梨市區，此為北岸的辦公
  商業區，走訪一下北岸的城市。

5. 坐地鐵到Town Hall，再搭巴士→至逛Broadway Shopping Centre，
  位在Glebe和中國城中間，為新蓋的大樓商場，二樓有一家Collins
  Booksellers書店，有濃厚藝文氣息，雅致的風格，在裡面咖啡座
  喝咖啡看看書，蠻好的。

6. 步行至回中國城用晚餐。

晚上：

7. 步行到Town Hall坐地鐵→到雪梨歌劇院，聽晚上7:30的歌劇，在
  台北即看好歌劇節目訂好票，此行程視節目時間做調整。

  ＊ 看完歌劇，看港灣夜景，到環堤碼頭喝杯咖啡。

8. 坐地鐵回旅館，整理明天要寄送的包裹。

第五天（星期三）in sydney

  ※ 到郵局寄包裹，把先前採買的書籍雜物及不再用之衣物先行寄回
  台北，讓明天行李輕便到墨爾本。

  ※ 坐地鐵到中央火車站，車站旁巴士站買明天到墨爾本的巴士票。

1. 坐火車去藍山Blue Mountain，約2小時車程，來回火車票約11元，
  坐到Katoomba站，步行約兩公里，走到Echo Point回聲谷，看三
  姊妹岩，此為著名的雪梨近郊風景點，真的很美，看那綿延無際
  的青綠山谷，真是美得讓人看了心懷神怡，陽光照射下的金色輝
  煌，更讓人覺得心神舒暢。買麵包當午餐。

2. 回到Katoomba市區，逛逛這山中小城，喝杯咖啡休息。

3. 坐火車回到Newtown，隨意走走，用晚餐，喝杯咖啡休憩。

※早點坐地鐵回旅館，打包行李，仔細看墨爾本資料，安排墨爾本
行程。

第六天（星期四）sydney to melbourne

※一早退房，到中央巴士站坐巴士到墨爾本，6:45am出發，8:35pm
到墨爾本，沿途欣賞廣袤的澳洲大陸田野風光，是一種享受。經
過Canberra坎培拉市，可看看經過嚴密規劃，街道非常整齊，卻人
稀少的澳洲首都城市。

※今日行程請參看墨爾本市區的地圖對照。

晚上：

※投宿維多利亞旅館The Victoria Hotel: 215 Lt Collins St，此Hotel就
位在市中心區Town Hall旁，出門交通非常方便。

1. 步行→至雅拉河南岸的墨爾本皇冠賭場Crown Entertainment
Complex。

  * 沿途先欣賞Flinders Street Station這一墨爾本的中央火車站，為墨
爾本地標之一，夜晚燈火通明，呈現輝煌的景像。

  * 看雅拉河Yarra River河邊夜景。

  * 賭場所在的娛樂中心為一商場，可逛逛，一樓入口處有不錯的咖
啡屋，喝杯咖啡吃點心。

  * 皇冠賭場富麗堂皇，非雪梨的Star City賭場可比，玩玩吃角子老
虎，喝杯酒，在裡面熱鬧一會，蠻好的。

2. 步行回市區，到
L'incontro Cafe，
此咖啡屋整天播放
歌劇，坐了一天巴
士，休息前聽歌劇
喝咖啡蠻好的。

3. 步行回旅館。

墨爾本富麗堂皇
的中央火車站

第七天（星期五）in Melbourne

※ 買 daily pass，7.4元，可搭乘火車、巴士、電車。

※ 今日行程請參看墨爾本市區的地圖對照。

<u>上午：</u>

1. 出門先到就位於維多利亞旅館旁，Swanston St路口的Vistoria Visitor Information Centre，拿取旅遊資料，亦可詢問相關資訊。

2. 延Swanston St步行過王子橋，到了雅拉河南岸。

    ＊ 參觀Victoria Art Centre維多利亞藝術中心，有固定的展出可看。

    ＊ 參觀Nation Gallery of Victoria 維多利亞國家藝術館，有很棒的世界級藝術品收藏。

3. 坐電車→到Lygon St，此為義大利區，沿路多的是餐廳，坐電車逛逛，也行。

4. 坐電車→到Brunswick St，此為藝文區，像雪梨的Newtown，因為是整條路都是舊式平房，又漆上各種色彩，呈現更藝文更頹廢更放浪的調調，此處多的是書店、咖啡屋、衣飾店。

    ＊ 強力推薦：Via Volare' cafe shop喝咖啡：326 Brunswick St，在此用午餐/Endis cafe: 276 Brunswick St/Jasper's 咖啡專賣店：267 Brunswick St/PolyeskeyBooks書店：330 Brunswick St。

5. 坐電車回市中心區步行逛。

    ＊ 逛市中心商業區、MYER、DAVID JONES百貨公司、Melbourne Central購物商場。

    ＊ 參觀維多利亞州立圖書館State Liberary of Victoria，猶如市中心的知識寶庫，近百年的建築，裡頭的閱覽室五層樓挑高圓頂，在四面書牆的圍繞下，真是壯麗得讓人感動，館前鑲在地上上刻「LIBRARY」字樣的屋頂一角石雕，更是很有意思，為墨爾本市區地標之一。

    ＊ 逛中國城，一條小路，不比雪梨的中國城，沒什麼好逛的。

    ＊ Immigzation Museum移民博物館（門票7元）：400 Flinders St，展出豐富的早期移民的生活文物圖片。

    ＊ Rialto Towers觀景眺望台（門票7.5元）：525 Collins St，世界主要的眺望台大樓之一，眺望墨爾本市，可遇到華裔電梯小姐服務，可speak chinese聊幾句。 市區中國餐館用餐。

晚上：

6. 步行夜遊市區。

　　＊ 到L'incontro Cafe，聽歌劇喝杯咖啡，蠻好的。

　　＊ 去HARD ROCK 喝酒聽演唱。

7. 步行回旅館。

第八天（星期六）in melbourne

　　※ 退房後，先到巴士站寄放行李。

　　※ 買 daily pass，7.4元，可搭乘火車、巴士、電車。

　　※ 今日行程請參看墨爾本市區的地圖對照。

上午：

1. 步行到了雅拉河南岸邊的南門Southgate，有週末Market，規模不大，東西沒太多特色，在雪梨看過了大型Market，逛一會即可，再逛逛以咖啡屋、餐廳為主的商場大樓，看看雅拉河河邊風景。

2. 坐電車→到維多利亞市場Queen Victoria Market，真是大，很有得逛，以平價的東西為主，可買一些衣飾，有一些二手貨的攤位。

　　＊ 到市場旁的室內市場，買咖啡麵包當午餐，在門口有座位可享用，同時科聽街頭樂隊演唱。

下午：

3. 坐電車→到墨爾本大學逛逛，一個沒有圍牆的開放式校園，校內有一間Bookroom書店。

4. 坐電車→到St Kilda Beach 區。

　　＊ 有週末Market可逛，沿beach旁的路邊一線排開，雖然攤位不多，但商品都很有特色，以手工藝品居多，值得仔細逛逛。

　　＊ Acland St底右轉有幾家二手服飾店和舊書店，左轉有一家City Cafe，落地窗，內有一貼牆大書櫃，內設有冬天用燒木材的火爐。

　　＊ 強力推薦：COSMOS BOOKS & MUSIC 書店: 112 Acland St/Horizon Bookshop & Cafe Gallery: St Kilda Rd 和Fitzroy St交叉口。

5. 坐電車→逛Chapel St購物商店街

* 從St Kilda Beach過去，從下半段開始逛，此段有不少二手服飾店、舊貨店，至和Malvern Rd交叉的後半路，則為一以年輕人衣飾為主的商店街。
* 強力推薦：chapel st Bazzar舊貨商場、Jam Factory一樓的Border Books大書店: 500 chapel st/The Printed Image Bookshop: 232 217 chapel st。

6. 坐電車→逛BRIDGE ST服飾街，不打算多買衣服的，可以坐電車逛逛即可。
   * 強力推薦：La Bohemia cafe: 176 Bridge Rd，因為它的名字叫做波西米亞。

晚上：

7. 坐電車回市區吃晚餐，再逛逛，到巴士站搭pm8:00夜車回雪梨，明天am8:50到達雪梨，夜車上可看看那一望無際，數不清的繁星點點的星空，真的很美。

第九天（星期日）in sydney

※ 回到雪梨先在巴士站寄放行李。
※ 買daily pass，名目為 CityHopper，6.6元，可搭乘火車、巴士。
※ 今日行程請參看雪梨市區的地圖對照。

上午：

1. 坐火車→到Hombush Bay 奧運村看一下。
   ※ 坐火車回市區投宿，在旅館所在的King Cross區用中國餐。

下午：

2. 坐地鐵至馬丁廣場站，沿Macquare St步行。
   * 逛皇家植物園
   * 欣賞Macquarie St 上聚集的以古建築改建飯店的街景。
   * 參觀州立圖書館，有藝術品展出。
   * 逛海德公園，裡面有一個很棒的噴泉Archibald Fountain。
   * 參觀海德公園軍營博物館，展示殖民地早期歷史。
   * 聖瑪麗教堂，百年以上的歷史建築，內有很美的彩色玻璃窗戶。
   * 澳洲博物館(門票8元)，以自然生態和原住名歷史文物出名。

3. 步行→至中國城，逛位在Market City商場一樓的Paddy's Market，
　 週五六日才有，為平價市集，一邊為疏果菜市場。

晚上：

4. 坐巴士→至牛津街逛街，在中國餐館用晚餐。

　 ＊逛Berkelouw舊書店，喝咖啡，從落地窗往外看，很放鬆的休息。

5. 坐巴士回旅館。

第十天（星期一）in sydney

　 ※買daily pass，名目為 CityHopper，16元，可同時搭乘火車、巴
　 　士。

　 ※今日行程請參看墨爾本市區的地圖對照。

上午：

1. 坐巴士→到Watson Bay，步行到South Head 南角，欣賞雪梨港灣
　 入口處壯麗的海岸線風景。

2. 坐巴士→到Bondi Junction 逛街。

3. 坐巴士→到Bondi beach，此為雪梨和Manly齊名的著名的海灘，
　 此區沿著海灘的大馬路兩旁有很多家不錯的咖啡屋、餐廳。在中
　 國餐館用餐。

　 ＊漫步海灘，看美女做日光浴，到海灘旁的Bondi Pavilion看展覽。

下午：

4. 坐巴士→到coogee beach、Maroubra Beach，此兩處Beach位在
　 Bondi beach下方，是相連的海岸，不像Bondi beach出名遊人多，
　 這兩處Beach沒太熱鬧，卻能有較悠靜的感覺。

5. 坐巴士回到市區，上雪梨塔，在行程將結束前，居高眺望雪梨
　 市，回想一路走來的遊歷，在塔上喝杯咖啡，整理思緒，明天早
　 上將回搭飛機離開了。

6. 到達令港逛逛，到中國城用晚餐，到澳洲中國書店買書，在市區
　 閒逛。

7. 到George St戲院區挑部
   電影看,留下在澳洲看
   電影的經驗。
8. 坐地鐵回旅館。

雪梨速食店中的古董唱機

第十一天(星期二)

am11:40從雪梨搭乘長榮航空於pm 18:10抵達台北

※ 早上退房。

※ 買daily pass,名目為 CityHopper,6.6元,可搭乘火車、巴士。

1. 坐地鐵到環堤碼頭看歌劇院,在港灣邊喝杯臨別咖啡,坐巴士在
   市區逛一會。

※ 坐機場巴士到雪梨機場搭機回台北的家 。

預算規劃

※ 行前費用約台幣35000元+旅遊費用約台幣30740元=約台幣66000
   元。

※ 行前費用(台幣)
   簽證2700元+機票26000元+意外保險3000元+底片2000元+香
   煙500元+隨身雜物800元=約台幣35000元

※旅遊費用（澳幣）：約澳幣1537元*20=約台幣30740元

住　宿：1天澳幣55元*8天=440元

交通費：Sydney daily pass 6.6元*5天、16元*3天+Melbourne daily pass7.4元*2天+藍山來回火車票11元+雪梨墨爾本來回巴士76元+機場巴6.5元*2=193.8元

門　票：聽歌劇100元+動物園16元+動力博物館8元+雪梨博物館6元+當代藝術博物館9元+澳洲博物館8元+雪梨塔10元+Ralito Towers 7.5元+移民博物館門票7元+電影12元=173.5

用　餐：1天澳幣15元*10天=150元

喝咖啡：1天澳幣8元*10天=80元

買紀念品：200元

買　書：200元

寄包裹：100元

資料收集

【旅遊書】

1. 書名：雪梨／出版社：台灣英文雜誌社／訂價：250元

2. 書名：澳洲／出版社：台灣英文雜誌社／訂價：600元

【地點】

1. 雪梨國際機場（資料：雪梨旅遊指南中文版、雪梨各旅館住宿資料、機場巴士時刻表）

2. 雪梨港環形碼頭旅遊咨詢中心（各景點和行程資料、渡輪時刻表、公共交通工具資料）

3. 雪梨岩石區旅遊咨詢中心：140 George St Sydney（各景點和行程資料、渡輪時刻表、公共交通工具資料）

4. 雪梨各火車站（火車時刻表）

5. 雪梨中央巴士站（巴士時刻表、住宿資料）

6. 墨爾本中央巴士站（巴士時刻表、住宿資料）

7. 墨爾本Vistoria Visitor Information Centre: Melbourne Town Hall, Swanston St

【網站】

1. www.citysearch.com.au: 找雪梨、墨爾本的旅遊資料

2. www.soh.nsw.gov.au: 雪梨歌劇院節目資料及線上訂票

3. www.cityrail.nsw.gov.au: 雪梨市區火車資料

4. www.kingscross.nsw.gov.au: 雪梨市kingscross區資訊，此區有很多
   大小旅館

5. www.mccaffertys.com.tw: McCafferty's巴士公司網站

6. www.vic.gov.au: 維多利亞省旅遊資訊政府網站

7. www.victrip.com.au: 墨爾本交通pass購買資訊

8. www.qvb.com.au: 雪梨維多利亞廣場

TIPS & 注意事項

前提：氣候狀況、貨幣使用……等基本旅遊注意事項，詳見各旅遊指南書，在此不多贅述，僅提供少見於一般旅遊資料中的實用旅遊資訊。

1. 澳洲香煙賣價約台灣2.5倍價，癮君子一定要想辦法自帶足夠煙草。

2. 澳洲底片賣價為台灣2~3倍，喜愛拍照的要帶足底片。

3. 在澳洲喝咖啡很划算，很棒的咖啡屋一杯咖啡也才台幣50、60元。

4. 雪梨墨爾本街頭到處都是小酒館，喜愛隨時小喝一杯的人有福了，一杯啤酒約台幣50元。

5. 雪梨有很多的免費藝文小報，在書店、唱片行、電影院、咖啡屋、藝品店等地都能索取，小報有多份針對同性戀者而出，有興趣的人可特別留意。

6. 夏天到雪梨比較好，晚上八點左右天色才轉暗，白日可以玩的時間比較長。

7. 雪梨以漂亮的海灘全世界著名，行程中的Beach一定要去。

8. 到雪梨一定要進到雪梨歌劇院聽歌劇，可在台灣即用網站查看節目訂票。

9. 雪梨、墨爾本市區到處都有中國餐館，習慣用中餐的人很方便。

10. 最好使用普卡信用卡消費，使用金卡者容易被當有錢人坑騙。

11. 買食物最好到超市買較便宜，市區中都有超市，市中心Town Hall對面即有一家。

12. 雪梨有很多中文報紙可看，了解當地社會，台灣去的當然看偏台灣的－自立快報。

13.「小無尾熊」一隻約10元台幣，是最經濟實惠的送人紀念品（如附件）。

14. 雪梨的治安問題需要留意，日前國內新聞才報導台灣留學生被搶的新聞，個人在雪梨也有被「半偷搶」的經驗，所以，旅遊中對個人人身及財物安全要小心留意。

15. 投宿前最好問清楚費用，以免刷卡後被坑騙額外費用，一些樓下為酒館，樓上為出租房間的，最好不要去，因為酒館經營者本來就比較複雜，比較會坑騙遊客，且非正業經營旅館，服務亦差，個人知有類似受騙經驗。

16. 雪梨是很好玩城市，雖然旅遊要節省，不過預防決定盡情玩樂的花用，記得帶信用卡預借現金密碼。

17. 雪梨的信用卡使用很方便，郵局、超市、超商等都可以刷卡付款。

旅遊目的 & 行程特色描述

【旅遊目的】

　　出社會工作多年，可以舒解工作帶來的疲憊，到異國好好的玩一趟，讓身心得到充分的放鬆，一直是心中所期待。而在台北，一直沒法在城市生活中滿足的藝文情趣生活，更是加深對西方文化生活中濃厚的藝文生活的想望。

到雪梨旅遊，正是想體驗那種對西方文化中很隨性、很輕鬆、很藝文的情趣生活的認知，一種去親身感受的實踐。更是本著一顆熱切求知的心，去體驗、觀察、了解西方社會的生活文化，將以往從書本上得來的智識，做最真實的體會對照。

【行程特色】

為了好好玩遍雪梨、墨爾本，8天內玩遍了雪梨市區周圍熱鬧景點，2天玩遍墨爾本的市區精華鬧區，還去了雪梨近郊著名的藍山。為了充實對藝術的認知，幾乎參觀遍了雪梨主要的藝術館、博物館，還在雪梨歌劇院聽了一場歌劇，在墨爾本受限於時間過短，也去了最主要的博物館。更重要的是，滿足對藝文生活情趣的想望，在雪梨的Newtown、Glebe、Oxford St和墨爾本的Brunswick St、St Klida這些地方，得到一種解脫感的滿足。

還有，在台北一直滿足不了的興趣，都在這趟旅遊中充分得到滿足，對假日市集、跳蚤市場的想望，在幾乎逛遍了雪梨、墨爾本主要的、熱鬧的假日Market後，令人感到一種難以形容的非常愉悅的心情；在舊貨店裡尋寶的樂趣，也在這一趟旅遊中，發現如此多的二手貨店，在雪梨的Newtown、在墨爾本的Chapel St，充分滿足長久以來的「尋寶的樂趣」。熱愛閱讀，喜愛逛書店的興趣，更在此行得到最大的熱趣，在雪梨Oxford St發現的Berkelouw Books書店，幾乎是心目中「最喜愛的書店的想像」完全在眼前呈現，而在雪梨發現如此多的舊書店，更是逛得樂此不疲，有一種很興奮的發現感。

還有喜愛坐咖啡屋的興趣，在旅行中，更是過足了癮，雪梨、墨爾本到處是很有特色的的咖啡屋，格調好、氣氛佳，咖啡又平價，行程中落腳咖啡屋休息，其實也正是一種玩樂，帶來很大的愉悅感。

深刻的感受雪梨、墨爾本的生活文化，在市區整條路整條路的逛，一步一腳印行來，得到很好的體認，在增進自己的智識了解上，得到很大的充實。

　　這一趟雪梨、墨爾本旅行，滿足的過了一段很隨性、很輕鬆、很藝文的異國生活，獲得內心上的愉悅和充實，更是獲得一段非常美好的生活記憶。

　　此趟行程設計相當緊湊，所以，體力要好，要能早上8點出門，晚上10點才回旅館，腳力要好，才能應付每天長時間在外走看的腳程，當然，間歇的坐咖啡屋都是在休息。這個密集的行程，當然可以個人興趣做時間上的調整，或視當時現場玩樂狀況，在時間上、景點上做取捨。

　　總之，行前一定要充分了解雪梨、墨爾本的相關旅遊資訊，尤其要熟悉各種交通工具的使用和市區景點的街道地形，才能把握好緊湊的時間，玩出最充實的行程。

【附件提供】

1. 雪梨旅遊指南中文版（於雪梨機場免費索取，內含豐富雪梨旅遊資料，附有雪梨市中心地圖）
2. Sydney Public Transport Map摺頁小冊子
3. The Rocks Map 導覽小冊子
4. Sydney Maps摺頁小冊子（內有至雪梨市區周圍的巴士路線圖）
5. Sydney Vistors Guide 旅遊導覽手冊
6. McCafferty's巴士往返雪梨墨爾本時刻表（網路下載列印）
7. 雪梨Cross Court Hotel 住宿資料（網路下載列印）
8. 墨爾本The Victoria Hotel 住宿資料（網路下載列印）
9. 墨爾本電車Tram、火車Train路線圖
10. 雪梨免費藝文小報
11. 免費商業明信片
12. 免費電影明信片
13. 雪梨CityRail路線圖明信片
14. 雪梨travel pass

15. 墨爾本 travel pass

16. Sydney's Darling Harbour 旅遊導覽小冊子

17. 宣傳電影小海報

18. 小無尾熊一隻

19. 個別景點介紹11篇

【附件照片17張】

1. Glebe Market

2. Paddingto Market

3. 雪梨歌劇院

4. 雪梨港灣邊街頭藝人表演

5. The Rocks Market

6. wharf Theatre舞蹈教室

7. Martin Place馬丁廣場

8. Berkelouw書店

9. 雪梨大學

10. Manly BeachMarket

11. Blue Mountain

12. 雪梨到墨爾本公路旁田野風光

13. 墨爾本維多利亞廣場用餐處街頭音樂表演

14. Brunswick St 的Endis cafe

15. 從雪梨塔上下拍，其中圓綠頂為QVB

16. 雪梨海德公園

17. 雪梨Newtown的THREE ATE ONE café

和女友同遊盡情玩樂雪梨十一日行程

雪梨墨爾本行程 ~~~ 88.7.177.26

※飛機：來7／16 PM 10：50→7／17 AM 9：50（當地時間）AE801
　　　　回7／26 AM 11：30→7／26 PM 8：40（當地時間）AE806

7月17日（六）親友接機

1. La Perouse看海岸線拍照。

2. 坐車遊Maroubra、Coogee、Bronte Beach。

3. 到中央火車站買TRAVELLPASS。

4. 中午逛Glebe週六Market，逛街：新舊書店、咖啡屋。

5. 逛Broadway Shopping Centrs，在最棒的書店Collins內喝咖啡。

6. 下午到晚上逛Paddington 週六Market。

7. 逛Oxford ST整條商店街，新舊書店、同性戀酒吧/書店、咖啡屋、
   戲院、服飾店、情趣商品店。

8. 晚上逛中國城，看雪梨港、歌劇院夜景，逛海上書店 。

雪梨東南La Perouse
美麗海岸線

7月18日（日）

1. 居家附近鄉間小路散步。

2. 環堤碼頭Opera House週日Market，逛歌劇院內部。

3. 坐渡輪到Manly Beach、逛週日Market、坐街頭酒館。

4. The Rocks週日Market、逛岩石區商店街。

5. 逛wharf Theatre舞蹈教室及其碼頭咖啡屋。

6. 晚上到逛Ashfield及其中國書店，老趙餐廳聚餐。

7月19日（一）

1. 早上逛Liverpool市、Cabamatta中國城、Campsie韓國城。

2. 逛維多利亞皇后商場QVB、Pitt St市中商業徒步區和百貨公司、紀念品店。

3. 最大的Dymock連鎖書店、市中戲院區。

4. 上雪梨塔、拍照喝咖啡。

5. 中國城、澳洲中國書店、首都劇院、蕉葉咖哩屋吃南洋肉骨茶飯。

6. 晚上：逛Kings Cross夜生活、買綿羊霜、喝咖啡。

上雪梨塔拍照喝咖啡

雪梨港灣美景

7月20日（二）

1. 早上逛NEWTOWN商店街、喝咖啡拍照。

2. 坐巴士到雪梨大學學生餐廳用餐，逛大學拍照。

3. 卜午坐渡輪、逛塔隆加動物園（看袋鼠、無尾熊、鴨嘴獸）、看雪梨港灣美景。

4. 中國城用晚餐、源慧中國書店賞書。

5. 晚上7:30到雪梨歌劇院看歌劇〈波西米亞人〉。

6. 看11點歌劇院港灣夜景，環堤碼頭喝咖啡。

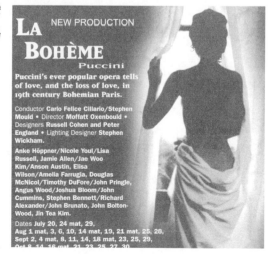

波西米亞人

7月21日（三）

1. 坐火車Homebush Bay 澳運村。

2. 逛看Strathfield市、到Hornsby轉車、到Chatswood用中餐（蝦麵）。

3. 逛北雪梨市區。

4. 環堤碼頭海關博物館（免費）、雪梨博物館拍照、橋街口歌德式音樂學院。

5. 玩皇家植物園、植物標本館、熱帶中心館、遊客中心。

6. 逛麥加利街Macquarie St 古建築飯店街景、玩州立圖書館、鑄幣局、海德公園及其軍營博物館。

7. 參觀聖瑪麗教堂、澳洲博物館。

8. 夜遊bondi beach用晚餐。

9. 看達令港夜景、雪梨賭場玩。

7月22日（四）

1. 坐早車去墨爾本（8:20am-9:00pm）、投宿維多利亞旅館。

2. 看維多利亞藝術中心、彩繪大提琴展。

3. 看雅拉河河邊夜景、玩墨爾本皇冠賭場、喝咖啡拍照用餐 。

7月23日（五）

1. 坐電車去St kilda beach，逛街 。

2. 逛St kilda圖書館 。

3. 逛Chapel st購物商店街、買衣服，逛貴微街 。

4. 看維多利亞大市場收攤 。

5. 看Melbourne Central購物商場、州立圖書館 。

6. 逛市中心商業區、MYER、David Jones百貨公司。

7. 去Hard Rock 喝酒聽演唱。

8. 夜遊市區，看歌劇院、中國城。

7月24日（六）

1. 維多利亞大市場、用餐、喝咖啡聽街頭樂隊演唱。
2. 坐電車看墨爾本大學。
3. 逛Lygon St 義大利區、Brunswick邦士威街、喝咖啡、逛Bridge St 服飾街。
4. 逛看雅拉河河邊南門熱鬧區、搭火車。

（8:00坐夜車回雪梨）

7月25日（日）

1. 早上回雪梨Paramatta、回家放行李休息。
2. 玩藍山Blue Mountain，走Echo Point回聲谷、看三姊妹岩。
3. 看Katoomba市區、逛勞拉鎮喝咖啡拍照。
4. 晚上到cabamatta送行吃八珍豆腐煲。

7月26日（一）

1. 環堤碼頭走走。
2. 坐機場巴士逛市區。
3. 雪梨機場喝咖啡。

（吻別~淑娟坐飛機回台北）

THREE

雪梨旅遊報導

雪梨市古書店、古玩店的深度旅遊

　　如果到雪梨來是以自助旅遊的方式，而又喜好逛古書店、古玩店的話，有一份資料一定要先去拿到手，那就是「guild&map to Antique Dealers& Book Dealers」，這是一份雪梨市城內及近東郊的7家古書店、29家古玩店的簡介，有包括地址、電話、營業時間和銷售品項的詳細資料，更棒的是還附有詳細街道名的地圖，讓你可以按圖索驥很順利的找到目的地，這些地方你都可以輕鬆的搭火車、巴士，或再走一段小路就可到達了。

　　這份寶貴的資料可不是在一般的information櫃檯就拿得到的，要在簡介所列的36家店裡才有，如果你碰巧逛到其中一家，也可能碰到已經被索取完的空架子。在最後面附上古書店、古玩店各一家的資料，以初到雪梨者最會去的熱鬧地方和交通方便為選取依據。

　　當然雪梨市的古舊書店、藝品古玩店不只這些而已，不過除了這些店算是結盟行銷外，基本上它們的貨品是比較精緻和「古意」，而且規模大貨品多，比較可以獵到心喜的精品，古玩藝品的貨品價格殊異，至於不錯的舊書大概都要澳幣二十元以上，如果要買鎖在櫥櫃裡的精品當然就貴了。

　　相信拿到這份資料，就算對雪梨完全陌生的你，也可以自己玩出一趟古書店、古玩店的深度之旅。

K.C. LEE 88.5.20

小地方大發現，意外尋獲舊玩商店

　　想到隨興坐火車到處走走，卻在兩個小站意外的發現到兩家很棒的二手舊貨商店。

　　在Central Station（中央火車站）前一站Redfern Station下車，看了地圖覺得很接近雪梨大學，想一路逛逛走過去，一出站你會覺得到了一個破敗的舊社區，不過，出站往右手邊平行走到Redfern St，短短一邊一、二十家店面的小路上，竟然有五、六家女性服飾店，大概看了一下，基本四十元很平價，衣服也不錯，不是內行的人，大概逛不到這裡。回過頭來往左手邊順著站前的Lawson St走，到路底後斜叉進前方的Abercrombie St，幾乎是沒有人煙的地方，只有幾家小吃店，卻在257號有一家二手貨店，東西不少，售價也便宜，小磁盤2元、壽字小花瓶2元，這些器皿都是沒有瑕疵的，一組兔子圖樣木刻的書架5元，一件軍人短外套8元，這家店沒有店名，只有一個圓形圖樣寫ST. VINCENT DE PAUL—HELPS PEOPLE，原來是屬於一個慈善機構的義賣商店。對了，從這裡往前走不久就到雪梨大學了。

　　發現上述的店家，那種欣喜感跟自己之前隨興在Regents Park站下車，在這小市區的短路上發現那家二手貨專賣店Regent's Park 2nd Clothes一樣，先前都不預期在這種商業機能萎靡不振、沒有人潮的地方，會有這種店存在。這家店店面很小，卻擺滿了琳瑯滿目的舊雜貨物，精緻盒裝六支日本製湯匙10元、古董汽車圖樣的水杯四個一組5元、可愛的小鐵鼎加小鐵鍋5元、上方刻製紀念圖形的小湯匙一支2元，除了雜貨，也有很多書籍、衣飾品。

K. C. LEE 88.5.17

便宜買二手貨還兼做善事

　　如果你喜好在舊貨中挑買物美價廉的東西，到澳洲來，除了假日跳蚤市場可以去尋寶外，看到店名為「FAMILY STORES」的商店，你一定要進去，而且要準備些時間，在邊驚訝價廉的同時，買一堆你認為物美的東西，然後你一定會對這物超所值的大豐收，感到由衷的雀喜。

　　這是由一個叫The Salvation Army 的慈善機構所經營的，其收入是用來救濟一些流浪漢和貧窮人士，商品則都是由熱心人士捐贈的，因為是無本生意，所以真的賣得很便宜，雖然不會出現古董精品，不過在一屋的杯盤器皿、餐具、海報掛畫、傢具、飾品、舊書、衣飾…中，絕對挖到不少寶。

　　我在位於740 Sydney Rd, Brunswick, Melbourne 那一家，買了八本書價澳幣2元的「大書」，開本就像MOOK雜誌書，都挑附有精美的插圖或歷史性照片的，內容來說有：1984年印行的世界地形圖冊、1972年印行的英國介紹、全是美麗風景照的THE BEAUTY OF AUSTRALIA、1969年版的「A TREASURY OF VITAL KNOWLEDGE」……。

　　在 603 Station Street, BOX HILL, Melbourne那一家，買了英國製羅盤盤面磁器煙灰缸4元、義大利製菊色花紋磁器煙灰缸1 元、一組木底掛牆餐具3元（包括開瓶器、肉叉、牛排刀、挖杓）。

　　在Sydney只在已有些遠的Failfield火車站前的市中心路上發現到一家，買了一幅蝴蝶舊木掛圖0.5元、上漆木頭煙灰缸0.8元、酒商紀念酒杯0.8元、咖啡杯0.5元。

K.C. LEE 88.6.4

最讚的週末Market在Paddington和Glebe

　　Paddington Market和Glebe Market都在星期六才有，到雪梨來，可要好好安排行程，一定要排個星期六遊走這兩個Market，否則，你的雪梨遊經驗將缺少了很重要的一部份。

　　逛過雪梨、墨爾本十來個Market，就這兩個Market最能表現出隨興、優閒的玩樂氣氛，而且貨品多樣繁雜、質感好、價錢實在，必有的街頭藝文表演，加上一些攤販主、遊客、還有貨品本身散發出來的藝文氣息，讓這兩個Market完全的表現出週末市集的精神本色，所以說它們是「真正的Market」。

　　Glebe Market就在雪梨大學斜對邊的Glebe Point Rd進去沒多久就到了，因為在雪梨最好的大學學區裡，學區中的藝文氣息自然也在Glebe Market中表現出來，Glebe Point Rd這條路原本就多的是咖啡屋、藝品店、書店，在Market對街斜右方有一幢黃色咖啡屋，是這裡最富藝文風格的咖啡屋，如果有空位讓你在此喝杯咖啡感受一下，那真是你運氣好。

　　Paddington Market就在Paddington區熱鬧的商街Oxford St，這裡本就是雪梨最表現出中產階級格調和藝文品味的商業大街，所以Market的格調自也是如此，在商品質感風格上比較精緻優雅些。而這條Oxford St商店多到本就可讓你逛上一整天，多的是服飾店，是女性遊客的逛街聖地。建議早上先去Glebe Market，過中午再轉往Paddington Market，Market四點結束後，還可以好好的逛街。

　　這兩個Market都有很多各類服飾、帽子、鞋子的攤位，都有各式燭台、彩色臘燭、各種香精及花香皂、各種材質精美畫框、像框、手工製藝術手冊、款式繁複的項鍊、皮包皮製品……等。比較起來，

Paddington Market攤位應有兩倍大於Glebe Market，所以商品較多樣，多了如木刻藝術品、大吊床、棉布衣專賣攤位、小女孩公主裝、木板封面手冊、大布偶……還有獨特的塔羅牌算命攤，最特別的是這裡有做成大小無尾熊攀樹造型的蠟燭，非常可愛有特色，只要12元。談消費價位，一般衣服大概2、30元，外套大衣7、80元以上，七彩帽子圍巾15元，皮革手冊20元，項鍊、畫框價位從10元起跳。

其實這兩個Market離市中心都不算遠，有時間走一下路都可以到，坐巴士是比較方便，看到最熱鬧的地方下車就對了。

※ Glebe Market: Glebe Public School，Glebe Point Rd，在市中心George St坐431-434巴士前往

※ Paddington Market: St John's Church，Oxford St，在市中心Liverpool St坐380、382巴士前往

N. C. LEE 88.6.13

Paddington Market情緣

雪梨市區的 Paddy's Market

在雪梨市中心區有兩個週末市集走路就可以逛得到，相對於在岩石區的The Rocks Market的精品消費型態，靠近中國城的Paddy's Market是平價消費的選擇所在。

只在週五、六、日上午10點到下午五點開放的Paddy's Market，因為一半是賣生鮮蔬果，所以也是附近居民週末採購食物的場所，另一半就是銷售各類雜貨商品的市場區，也是遊客比較可以逛逛的，因為貨品平價，也是當地人採購平價衣飾的選擇地點。但真的是一分錢一分貨，便宜的，相對品質也不佳，並不會讓人覺得東西「物超所值」而覺得買到就是「賺到了」。有的衣飾商品雖然廉價，但品質不佳（洗了可能會縮水、變形、掉毛），應是不要買才是，至於一些無尾熊、袋鼠圖樣的各種澳洲旅遊紀念品及羊毛製品，其實和市中心pitt street附近的紀念品店是一樣的品質和價位。因為從大陸傾銷來很多「Made in China」的衣飾、紀念品，雖然廉價，品質卻很粗糙，在雪梨到處賣，澳洲人已經有發出厭惡的聲音了。仔細逛才能找到一些比較精緻而平價的貨品，譬如七彩顏色的長蠟燭1支1元，羊脂香皂三個5元，羊脂眼霜、面霜只要7、8元（味道不錯，倒不知效果好不好）。

一年多前加建完成，在Paddy's Market上面的Market City是一座很大的購物中心，其實到雪梨每一個市郊大城市都會有一座這種集採購民生用品、打理生活瑣事（髮廊、照片、洗衣店、西藥房、銀行……等）、娛樂休閒、美食餐飲等多種用途的商場。

Market City倒是有特別的地方，在Level Two有一整層標榜工廠直銷的有牌子的服飾店，倒真的可以採買到一些物美價廉的衣飾品。Level Three則是電影院、電動玩具娛樂場所、美食廣場，還有一間號

稱全澳洲最大的港式飲茶餐廳KAM FOOK。

　　Paddy's Market右邊側門走出去就到達令港邊的雪梨娛樂中心了，可以先在眼前的小公園坐坐休息，有時間的話，達令港周邊可以玩上大半天。

　　地址：Ultimo St和Thomas St交會口，靠近中國城。

Paddy's Market內補給食品的超市

近郊 Fairfield City Fame 體驗農場樂趣

　　就在離雪梨市區約五十分鐘車程的Fairfield City Fame費菲城市農莊，就可以讓你體驗澳洲農場的樂趣，欣賞到幽美廣懋的澳洲郊野風光。

　　此農莊是一處佔地460英畝的大型農場，有一望無際的草原，和100畝大的原始叢林供你賞心，可步上木造觀景台眺望，近處是一遍林木相間的市郊獨幢民宅區，遠望則可以看到遠在天際線的雪梨市中心，看到雪梨塔和港灣大橋。農場中還有一大湖，沿湖散步非常愜意，也可以乘坐為遊客準備的拖拉機車，輕鬆遊看農場各處，只要三元。

　　除了有很大隻的牛馬羊豬等道地農莊飼養動物可看外，還有一個兒童寵物園，更是有趣，可以看到二十來隻的雞鴨羊聚集一處，和平相處，在近旁觀賞，可親手撫摸那小羊身上暖和的毛身。難得的是還有袋鼠飼養區，可都是活潑亂跳的很健康的袋鼠喔!最可惜的是原有的無尾熊參觀區現在「缺貨」。

　　買票參觀，主要的參觀活動安排是剪羊毛和擠牛奶，給我們這些長住城市來的人一個新鮮的感受，還有一些農場作業示範及各類農具展示。入口售票處本身就是販售紀念品的商店，主要是一些動物玩偶和帽子、T恤之類的，往前一點就是農莊的餐廳，價錢非常實在，你可以只花1.8元喝杯咖啡，或是花個十來元享用一頓農莊午餐，坐在門前雅座欣賞四周的大自然原野景致。另外也有野餐烤肉區及兒童遊樂區，我們異國來的遊客可能難以使用了。

　　在每月的第三個星期六則有手藝品市集，時間上剛好的話，這一天到訪，則只要門票2元，當然是逛市集的門票，但農場景致仍是任你遊看，雖然沒有「參觀活動」的安排，一樣可看到各種可愛的動物，

而且只有這天有市集逛，這是很道地澳洲風格的市集，商品都是澳洲本色的手工藝品，手工雙色毛帽只要10元，比市區的市集便宜一半，花2元可以買到一小袋澳洲舊硬幣，5元可以現場穿一條英文名項鍊戴上，抬得回去的話，可以花100元搬走很棒的手工木櫃桌，有意思的還有給小孩騎的小馬，繞騎一圈2元。

地　　　址：31 Darling St, Abbotsbury, Faithfield

大眾交通：乘雪梨火車到Faithfield station，在火車站前搭826巴
　　　　　士，直達農莊大門口。

網　　　址：www.cityfarm.com.au

See the real thing!
Enjoy a wonderful day out at
Sydney's big, scenic Aussie farm.

雪梨港邊 Taronga 動物園看無尾熊、袋鼠

　　要看澳洲可愛的無尾熊和袋鼠嗎？和雪梨歌劇院隔著港灣相望的 Taronga（塔隆加）動物園，讓你輕易達成這澳洲旅遊的想望目的。

　　Taronga是世界最棒的動物園之一，除了有著名的澳洲特產動物：無尾熊、袋鼠、鴨嘴獸、食火雞等，它還是澳洲境內有最多海外動物種類的動物園。

　　現在因應當地學校放寒假，動物園特別推出了名為Bird School的課程節目，每天上午11:30開始，由專業訓鳥師導覽如何讓這些鳥類學習新玩意。另有「百鳥表演Kodak Free Filght Bird Show」節目，每天下午一點和三點各表演一場，給遊客一個很棒的觀鳥感受。

　　另外，每天都有由飼養員講解長頸鹿、樹熊、海獅、大猩猩等動物表演節目，有興趣的遊客可詢問表現時間。

　　除了看動物，還有一件很棒的事，動物園內靠港灣的林蔭步道，是欣賞雪梨歌劇院一個非常理想的地方，就算沒特別想看動物也該來此一遊，以另一個角度，隔岸欣賞歌劇院美麗的風貌。

　　交通方式：在環堤碼頭搭渡輪前往，從早上8點到晚上6點左右，往返皆半小時有一航次，航程12分鐘。

　　地址：Bradley's Head Rd, Mosman

　　網址：www.zoo.nsw.gov.au

k. C. LEE 88.7.8

俯瞰雪梨歌劇院港灣美景

直昇機天空遊

　　想要從高空俯瞰雪梨的美麗景致嗎?搭直昇機遨遊這世界最美麗的港灣城市，比上雪梨塔遠眺的侷限，給你更親臨接近的感受。

　　HELICOPTERS專業直昇機觀光導遊公司，安排有服務遊客的八個「BLUE SKY」路線行程，每一行程都設計有飛行在雪梨港灣上空，盡情欣賞雪梨歌劇院、港灣大橋著名世界港灣美景，把整個雪梨市區美麗風貌都讓你盡收眼裡。欣賞曼利海灘（Manly Beach）著名的金黃色衝浪海灘和風景絢爛的縣岸，或是繞行正大出風頭的雪梨Homebush Bay 奧運村，飛行時間都約30分鐘，每人各為180元；欣賞雪梨港灣及市區的落日夕陽美景航程30分鐘，每人190元；從北部曼利海攤到南岸出名的邦代海灘 Bondi Beach，再加上參觀奧運村，則每人要250元，飛行時間約40分鐘；還有更全貌的大雪梨景觀行程，經過曼利海灘，上至Pittwater海灘，往下飛越Bondi Beach，整個大雪梨北部、南部的美麗太平洋海岸線及衝浪海灘風景都在你眼下呈現，飛行時間約60分鐘，每人350元；特別的專業空中攝影主題行程，每人380元，飛行時間約60分鐘。另外還有往著名市郊景點藍山Blue Mountain、葡萄酒產區獵人谷的行程，往返飛行時間一、二個小時，費用則在500元以上。（以上費用為澳幣計費）

　　搭直昇機俯瞰欣賞雪梨壯麗的景色，讓你屏息振奮，是你最驚嘆的旅行感受。基本上為兩名乘客以上才起飛，三人以上成行，則有約三分之一的費用折扣，如果因為天後狀況不佳或天空飛行航線繁忙，將可能更動預定行程時間。

　　地址：Building 462 Ross Smith Ave, Sydney Airport, NSW 2000

雪梨最著名的購物商場 Queen Victoria Building

　　位在雪梨市中心的維多利亞女王大廈Queen Victoria Building（簡稱QVB），是雪梨最古老、最著名、最吸引人、最富麗堂皇的大型豪華商場，是到雪梨來不能錯過的必遊景點。

　　當你遠遠看到了Queen Victoria Building，鐵定會以為是一間博物館之類的歷史建築，走近看到她新穎流行的服飾櫥窗，才能相信她真的是一幢商場。QVB當初是為了慶祝維多利亞女皇登基五十周年而於1898建成的，早先只是做為音樂廳、圖書館、咖啡屋及一般營業商店用途，1930年成為雪梨市議會，直到1983年才決定修復整健，1986年一幢美麗的建築優雅的商場正式對外營業了。

　　現在地上三層樓的商場有兩百多間商店，一、二樓以男女高級服飾，如guess、versace、ken done、sisley、bally，及珠寶金飾為主，三樓則以精緻藝術品為主，有各類繪畫、磁器擺飾、原住民藝品，還有以知名卡通為圖樣的精品專賣店。

　　不管有沒有購物，QVB本身就帶給妳最高的購物樂趣，這幢優雅的百年建築，從地板的彩色幾何圖形鑲嵌磁磚到屋頂上古老的彩繪玻璃窗戶都是很精美的藝術品，商場內的樓宇裝潢、及設計美觀的店招更是美輪美奐，在獨特的圓形屋頂下還懸掛有一皇家大鐘（THE ROYAL CLOCK），從早上9點到晚上9點每整點鳴鐘報時。而在三樓更有多組精品展覽櫥窗，有維多利亞女皇加冕典禮縮小景況、仿英國皇室的鑲鑽王冠、300噸玉石做成呈現中國皇帝娶親的人像雕塑等。

　　在靠近雪梨市政府Tomn Hall的入口廣場有一座維多利亞女皇雕像，是傑出的雕塑品，已成為雪梨市的景觀標誌之一，假日時廣場上有時會有藝文表演。

　　而從此入口進去，這側邊的樓梯牆面還有展現QVB輝煌歷史的老照片展。

　　QVB為服務遊客，現在每天上午11:30和下午2:30有專業導遊解說的導覽行程，讓妳深刻體會了解她百年來的輝煌歷史，不過要三人才能成行，有興趣請洽詢一樓的Tour Desk。

K.C.LEE 88.5.11

動力博物館給你最 POWER 的參觀享受

動力博物館POWERHOUSE MUSEUM是由舊發電廠改建而成，這是其得名由來，裡面還保存著已是無價古董的舊發電廠引擎和鍋爐，以應用科學的成品和藝品為主要展出，使它成為具世界級特色與水準的主題博物館。

不過，別以為這裡只有機器可以看，其實展出包羅萬象，看完以下的介紹，一定讓你非常想來參觀一遊。

一進展館，就是4樓，入內正中是紀念品店，售價都不便宜，最值得買的是個項主題展出的介紹冊子3元，200頁的全館展覽介紹專冊很精美，不過一本要50元。左手邊是展期到2000年1月的「汽車與文化」主題展，可以看到五、六O年代的賽車、跑車、迷你車、轎車的展出，還有如1946年的加油器和其他相關文物的展出，有一個小孩可以玩耍的碰碰車遊樂區，還有出售各類汽車模型（古董車14元、現代車6~8元）的紀念品區，比較特別的是古董車圖吊牌一個20元。展區後面通到紀念工業革命的老蒸汽機展示區。往回走全館紀念品店旁是一輛開駛於1855年，而於1877年退休的古董老火車，有詳細歷史圖文介紹，非常值得火車迷來朝聖的。

再來還有一個主題館，現在展出古董陶瓷藝品直到10月17日，展品收集來自歐陸、英國和中國等地的精美陶瓷，可以看到有一、二百年歷史的中國古董陶塑人像，展區播放著非常好聽的輕音樂，讓看展品成為很舒服的享受，和之前的參觀真是截然不同得感受，入口旁還有一座名為Strasburg Clock的大型古董鐘，建造於十四紀，整座鐘有很多精緻手工的雕刻和繪畫，每天11點到15點每逢「55分」時有專人解說，這是古董鐘錶迷一定要來朝聖的。

五樓主要懸掛著各式舊輕型飛機，在四樓就已能從挑空的中庭觀賞了，五樓最特別的是有一間已展出亞洲的歷史文物、藝術品為目的設立的主題館。還有一家有透天玻璃屋頂的餐廳，是用餐休憩的好地方。

再下到三樓，正中間是一個相連的大展區，有仿照1880年代的大型藥房、1930年代的電影文物和各種廣告，還有1930年代的各種工作房，如麵包店、釀酒房、酒吧、鄉村廚房、裁縫間等的實物陳列展出，和當時各階層女人家的工作及服飾實物展出，可以說自成為一舊時的居民生活館。其後方就是百年的古董發電機展區了，此展區還有一座古董電動旋轉木馬，很有歷史的懷舊美感，在每天13:15和15:30會啟動播放音樂。三樓還有一個小型主題展區，現展出服裝設計學生的畢業作品展，展期到7月18日。

再參觀到二樓，還有更多更豐富的展出，最具特色的是太空主題展區，展出的太空船是館內最大展品，還有模型太空艙、裝備齊全的太空人模特兒展出。還有讓博物館成為最具教育意義的可以動手操作實驗器具的展區，各項化學、物理等基本科學原理，你都可以實地的操作學習一番。

最棒的可能是古董樂器展了，真是讓人想不太到，可以在這裡看到好幾架一、二百年的古董鋼琴，還有200多年歷史的古董小提琴，還有古董的原住民樂器，這裡就是喜歡音樂與樂器迷該來拜訪的寶地了。這一層樓有一處露天庭院附設咖啡座，可以在旁邊的餐廳買杯2元的咖啡。

動力博物館如此多樣豐富主題展出，而且展品多的是一、二百年歷史古董，趕快來給自己一次最POWER的博物館之旅。

The Rocks 岩石區香濃咖啡節登場

就在這個週末7月3、4日，在環堤碼頭港灣邊熱鬧的岩石區將舉辦THE COFFEE FESTIVAL慶典活動，讓你體會在濃郁咖啡香裡逛市集的感受，如果你喜歡喝咖啡，當然更不能錯過這個難得的機會。

這是一個由澳洲咖啡製造商、咖啡用具供應商參與舉辦的活動，讓你專業了解咖啡的文化，到時不僅可以品嚐新鮮烘焙的咖啡豆現煮咖啡，還可以品嚐歐洲、南美、非洲等世界各地知名的咖啡，其他還有各式精緻咖啡壺、煮咖啡機具等咖啡用具展出，還有相關咖啡的專門書籍可以翻閱購買。

加上原本的週末市集和街頭藝文表演，讓你有一個歡樂熱鬧的週末。

節慶時間：7月3日10am～7pm、7月4日10am～5pm

K.C.LEE 88.6.29

熱鬧精彩的咖
啡節岩石區

貼近雪梨華人移民，欣賞免費的電影

　　雪梨是一個移民的城市，當然，也吸引不少各地華人移居此地，也就同時有眾多的華人社團，服務華人及提供各種休閒活動。

　　現在剛好有兩個社團要舉辦電影欣賞活動，時間上剛好，不妨去體驗一下在雪梨參加華人社團的活動，給旅遊另一種不同的深度感受。

　　在離雪梨市區坐火車約半小時路程的Ashfield站（艾士菲市），由華人服務社舉辦了華語電影口（Chinese Movie Show at Ashfield Library），只要逕行前往放映地點即可免費觀賞。

放映日期：7月20日、8月27日（皆為星期二）

放映時間：上午十點至十二點

放映地點：Meeting Room 2, Community Services, Level 2, Ashfield
　　　　　Council（艾士菲市政廳），260 Liverpool Road

　　關於電影片名，服務人員告知為臨演前才知道，到時可以詢問，活動服務電話：(02) 97894587。

　　另外在雪梨市北岸的「新翰林書院」，也預計於八、九月時舉辦「1999台灣電影節」，目前只先預定好放映地點為雪梨市區有名的Powerhouse Museum（動力博物館），至於詳細時間及放映電影還在籌劃中，主辦人Jon-Claire Lee很熱情的歡迎到時大家去電詢問，電話是(02) 98949157，地址：4 Merlin Court, Castle Hill, NSW 2154。

　　以上兩個活動洽詢，講中文就可以，放心的打電話問吧！

K.C.LEE 88.6.25

國王十字區熱鬧的藝術文化節

國王十字區（Kings Cross）是雪梨最出名的夜生活鬧區觀光景點，為了吸引遊客，展現地區內藝術氣息，特舉辦了活動熱鬧的藝術文化節。

十來個活動項目，主題豐富，有幾個比較有看頭有意思的活動，到訪遊客可別錯過：

1. 裝飾藝術歷史建築導覽 Art Deco Kings Cross Walking Tour
   由專人導遊解說包括Kings Cross，及相鄰地區Potts Point、Eleziable Bay等區內，富代表性的裝飾藝術歷史建築。
   行程：7月18、25日和8月1、8日，早上十點集合
   集合地點：Manning St, Potts Point、洽詢電話：93191122

2. 街頭爵士樂演唱會 Victoria Street Jazz
   這是藝術文化節的壓軸節目，讓你在國王十字區著名的維多利亞街，欣賞有水準的街頭爵士樂演唱，這項活動將狂歡到午夜。
   活動日期：7月31日和8月1日、洽詢電話：93680696

3. 澳洲冬季聖誕節 Christmas in July
   7月在北半球正是酷暑的時候，南半球的澳洲正在過冬（雖然不是寒冬），所以在這個時候歡度他們的聖誕節慶。在7月30日，國王十字區內的St Johns Anglican Church舉辦聖誕節歡樂會，免費提供茶點。
   地址：120 Darlinghurst Road
   時間：2:00pm～4:00pm

4. 歷史步道、藝術景點導遊 Bothmian & Historic Walk of the Cross

由當地人士帶領你深入了解Kings Cross區內歷史性的巷弄，及富藝術氣息的咖啡屋、俱樂部、戲院等景點，再到有舞蹈表演節目的餐廳聚餐。

日　　期：7月20、22、27、28日下午3:30集合

集合地點：Kings Cross的地標噴水池Fountain

費　　用：20元，包括餐廳用餐費。

K.C LEE 88.7.11

國王十字區美豔的警察局

墨爾本的藝文特色街道 Brunswick St

　　墨爾本是一個藝文氣息濃厚的城市，而市區東北方的Brunswick St（邦士威街），可說正是最具特色的代表性街道。從市中心Collins St搭11號電車前往，很快的你就會被眼前街道色彩的炫爛給迷住了，當然趕緊下車，讓自己沉浸其中，感受全街道帶給你的藝文氣息。

　　在一幢幢亮麗鮮豔的紅黃紫藍綠色彩的樓房中，是一間間獨具藝文情調的咖啡屋、酒吧、餐廳，夾雜著一家家藝品店、畫廊、書店、花店、唱片行、傢俱店、玩偶店、服飾店、飾品店。而在鮮豔色彩包裹下的是一幢幢古舊的平房，是以一種雅致懷舊的風情，瀰漫著整條街道。而此種種調性，塑造了這裡特殊的「波西米亞人」的風格，吸引了一大票雅好藝文的「波希米亞族」年輕人在此流連生活。

　　座落在街角，整幢是落地窗的咖啡屋，最令人喜愛，位於326號的VIA VOLARE'是其中一家，門上方吊掛一幅美女侍應端咖啡的畫板，屋旁街角則有一座可愛的老人坐像雕塑，一進門迎面的吧台旁牆上畫著一幅立體線條表現的餐具加麵包圖，另一面牆也是畫滿了相似的畫作，窗旁平台散放著藝文活動文宣、電影小海報，原是當地人獲知活動訊息的來源，而遊客的你則可在享受一杯咖啡時，挑選些喜愛的〔藝術品〕回家做紀念。在澳洲到這樣棒的咖啡屋喝一杯熱咖啡，都只要2~3元澳幣而已，而且可說保證好喝，若要用餐，花個10元，保證就讓你很享受。

　　與Victoria St交會的街角的ENDIS café，則是我三年前的舊愛，和今次的新歡VIA VOLARE'，一樣的落地窗，一樣的也拍下透過窗戶凝望的街頭景致，一樣的請店裡的人員幫忙拍照留影，感受到一樣的親切。在ENDIS café則有一面重覆貼滿藝文文宣的海報牆，特別散發

出一種藝文風情來。

在VIA VOLARE' 隔隔壁是一家POLYSTER BOOKS，販售與兩性有關的成人限制級書刊雜誌為主，當然也包括同性之愛，是一些比較具藝文內涵的出版品，譬如歐美的成人漫畫、情色藝術畫冊等，漫畫7元左右就買得到，畫冊則至少要2、30元了，還有一小區專賣菸斗用具，另有一些相關主題的明信片、T恤等商品。

267號有一家JASPER' S的咖啡專賣店，屋內的咖啡豆區，實在是香得非常濃郁，我這嗜咖啡的人都聞得都難以招架，除了咖啡器具外，還賣咖啡製糖果，包裝相當精緻可以當禮品，還有一些相關的書籍、明信片、卡片。

街尾有一家販賣成人用的皮具店，老闆是一個壯碩的中年男人，渦門三、四次，還是始終沒進去。這裡的商店大都營業到6點而已，不過晚上來則可以一睹咖啡屋、餐廳裡，人客聚集的熱鬧情況。

街頭轉角隨處可見色彩圖樣鮮豔亮麗的七彩磚石椅是鱻區議會的傑作，增添了街道的特美觀，也提供了旅人駐足歇腳的最大方便，顯見當地政府對建設街區的用心與能力。

K.C.LEE　88.6.1

墨爾本的維多利亞省移民博物館

　　澳洲是一個匯聚世界各種族移民的國度，不僅是現在持續的有移民從世界各地湧入，其實翻開澳洲的歷史，就是一頁頁各種族的移民開拓史。

　　到了墨爾本，當然要去開館於墨爾本舊海關大樓的維多利亞省移民博物館（Immigration Museum）。來到這裡，你可以一進門就買票上二樓（first floor）參觀，也可以先在地面一樓（groundfloor）逛逛，後廊庭院是一個向早先移民的辛勤付出致敬的廣場（Tribute Garden），在廣場地板上刻載了這些移民的名字。屋內則有Immigration Discovery Centre讓你探詢這些移民的歷史，和具有教學服務的Education Centre。在售票處旁是紀念品商店，銷售相關書籍、明信片、地圖等紀念禮品。另外還有一個活動廣場、一間視聽室，不定時的排有藝文表演、電影、演講等活動。

　　二樓的博物館展出，一開始是圍繞整個房間牆壁的從1830年到1980年的移民歷史大事紀錄，以十年為間隔用照片解說，而在牆壁上方則有投影的紀錄影片持續播映。再來展出各民族早先移民各別的真實生活文物、照片與事蹟介紹，還有倣製的舊時居所，牆壁上則有不少放大的老舊街景和歷史建築照片、繪畫。有一廳則展出關於早先移民的歷史傳說，圍繞房間的大幅壁畫非常壯觀。一間Schiavello Access Gallery則是主題展覽館，約兩個月更換一次，現時展出各民族年輕人充滿生氣活力的照片，象徵民族的大融合，也象徵各民族的未來希望。

　　三樓（second fioor）其實是希臘古文物博物館（Hellenic Antiquities Museum），就是說買一張票可以參觀兩個博物館。現時以「儀式與信

仰」為主題，展出希臘正教源自拜占庭的宗教文物古董，有祈禱儀式器皿、用具和服飾等。另一邊則有來自捷克布拉格的猶太人歷史文物古董主題展覽，除了宗教上的文物，還有傳統猶太人的服飾、律法、節慶習俗的相關文物。

參觀完畢，可以到先前沒提及的G樓的咖啡屋歇息一會，回味思索剛才一下子親睹了這麼多珍貴的歷史文物。

地址：400 Flinders Street,Melbourne

K.C.LEE 88.6.3

墨爾本的購物大街 Chapel St

　　墨爾本最棒的購物大街非Chapel St莫屬了，從與Toorak Rd交會處直逛到High St路口，漫漫長路，讓你逛到過癮。

　　可以中間的Malvern Rd為分界，往上至Toorak Rd，此路段滿是服飾店，男女老少，從頭到腳，各類服飾都有，當然最多的還是以年輕女性為客群的時髦服飾，整體呈現出屬於中產階級的優雅風格。此路段中500號是一座THE JAM FACTORY（歡樂工坊），一座以休閒為主的商場，有遊樂場、唱片行、咖啡屋外，還有一家大型複合式書店Borders Books，也賣CD、錄影帶，並時常舉辦有出版藝文活動。

　　從Malvern Rd往下逛至High St，此路段除了服飾店，有比較多的各式雜貨商品店、書店和咖啡屋。在217號有一以街為名的Chapel St. BAZAAR，是一大型精緻古玩商場，三、四十家商店以開放空間區隔，沒有顧店人員，在入口處設銷售服務台。一眼望去至少上萬件的古玩商品，真可用滿坑滿谷來形容，讓你驚嘆這裡真是一座古玩寶庫。只要你想得到的東西這裡應該都有，然後再發現一些你想不到的寶物。隨便一看，別致的古舊煙具、刀具，古意的各種擺飾，古早的地球儀、海報、明信片、火柴盒，還有服飾、藝品、大型傢俱燈飾……，已成古董的高價位商品大都鎖在櫥櫃裡，要請銷售服務員拿取，比較特別的是，這裡有可口可樂古董商品專賣店，還有一家百年舊報紙專賣店。

　　因為古玩精緻，價錢不便宜，更有高價位的古董，所以這裡是可以刷卡的。逛完後可以過街到正對面的Globe Café戶外咖啡座喝杯喝咖啡，驗收成果。

K. C. LEE 88.5.29

墨爾本的 Rialto Towers 觀景瞭望台

來到墨爾本，記得到Rialto Towers，上54樓高的瞭望台眺望這美麗的城市，給自己在墨爾本留下最獨特最美妙的視覺體驗。

乘坐電梯到瞭望台只需38秒，在瞭望台上，你可以有三百六十度的全方位視野好好的欣賞整個城市的景觀，更可以把六十公里外的山脈風光，盡入眼簾。如果已事先在市區走玩過了，可以從這高處把你行腳玩樂所到之處找出來，讓你有更深刻的體驗。在每一個角度的窗口都有清楚的圖片標示，可利用來找出特別的建築與景點。瞭望台上備有投幣式望遠鏡供遊客使用，只要澳幣1元，還有咖啡館和紀念品店。

最棒的是有戶外露台，雖然被鐵絲網包裹住，視野不理想，但可以呼吸到250公尺高的新鮮空氣，非常清新的空氣，好好的深呼吸，你會體會到原來呼吸可以有這麼棒的享受。

下樓後可別就走了，在一樓入口處旁，有一座視聽室，每半小十播放一次二十分鐘的音樂影像短片「Melbourne the LivingCity」，使用加人的螢幕供遊客觀賞，不另外收費的。影片真的是非常有水準，拍出了墨爾本和維多利亞省最美的全部風貌，包括各個節慶的熱鬧景象、城市和自然山林景觀、市民生活各式面貌、上山下海的各類休閒活動，不僅影像剪接緊湊，還配著很棒的活潑動感音樂，觀賞此片，猶如看了一部很棒的電影，絕對值回票價，耗資百萬澳元拍攝而成，真的不是吹噓的。

這座瞭望台所在的RIALTO TOWERS大樓是世界公認的二十來座高樓之一，更是南半球最高的商業大樓，樓高253公尺。

K.C. LEE   88.6.3

墨爾本 99'國際音樂慶典

7月10日熱鬧登場

　　7月10日至18日到墨爾本，將可以參與到一個國際性的音樂慶典—3 rd MELBOURNE INTIONATION CHAMBER MUSIC COMPETITION & FESTIVAL。

　　慶典主要是四年才舉辦一次的國際性音樂大賽CHAMBER MUSIC COMPETITION，只以鋼琴三重奏和絃樂四重奏為比賽項目，已經是國際知名的音樂盛會，今年為第三屆，有來自世界18個國家20組傑出的年輕音樂家樂團。有幸參與這個盛會，真的是躬逢其盛。這個國際性音樂大賽提供這些傑出的年輕音樂家一個肯定及展現能力的機會，讓他們藉此邁向國際性職業音樂家的發展大道。

　　慶典最熱鬧的是「CHAMBER MUSIC IN THE CITY」活動節目，在7月17日星期六當天，選在決賽的前一天，由參賽的樂團從早上十一點到七點半，聯合演出約二十場音樂會，期間幾乎每45分鐘就有一場。齊聚一堂的傑出年輕音樂家，要給墨爾本的市民和遊客一個獨特難忘而美妙的音樂饗宴，主辦單位以免費欣賞來達到全民參與的目的，不過要事先索票訂位，詳細節目內容安排屆時才會公布，洽詢電話：（03）96822200。

　　主要演出場所：Melbourne Town Hall: 市中心Swanston St，於Collins St路口Government House Melbourne: 位於The Royal Botanic Gardens 內。

　　7月10日到14日舉辦此音樂大賽的第一階段淘汰賽，7月15、16日舉辦第二階段的半決賽，比賽場地都在市區墨爾本大學的Melba Hall-Faculty of Music，比賽期間每天下午二點和七點半，各有一場比賽演出，對外售票欣賞，每張門票20元。決賽於7月18日，在

Melbourne Concert Hall舉行，下午兩點由最佳的三組鋼琴三重奏樂團比賽，晚上七點則為最佳的三組弦樂隊進行比賽，比賽完當場宣布優勝樂隊，並現場舉行頒獎典禮。決賽每場門票45元、兩場合買85元。

【演出場地】

1. 墨爾本大學：ROYAL PDE，於維多利亞市集上方。

2. Melbourne Concert Hall: Victorian Arts Center , 100 St Kilda Road。

【音樂大賽及慶典主辦單位連絡資料】

聯絡地址：PO BOX 325 South Yarra Victoria 3141,Australia

洽詢電話：（03）96823411

網站：www.micmc.asn.au

唯一靜態的展出活動，是一場很特別的彩繪大提琴展覽，由21位澳洲頂尖藝術家，把大提琴當做油畫布，揮灑他們的想像力，展現一幅幅美麗的彩繪，已經以照片公開讓人欣賞到的幾把彩繪人提琴，真的是美得令人讚嘆，此展出免費參觀，就在墨爾本最著名的維多利亞藝術中心。

展出地點：George Adams Gallery, Theatres' Building, Victorian Arts Center

展出時間：7月9日到8月1日，週一到週六9am~10pm、週日10am~5pm

K.C.LEE 88.6.21

FOUR

雪梨投稿
刊登自立快報

記三年前的一段旅遊雪梨的感受

　　三年前一段遊走雪梨三個月（1995.12.17~1996.3.16）的日子，是我成長歷程中，最充實愉悅的歲月。

　　雪梨真是一個觀光旅遊的好城市，市中鬧區隨意看上去，有一半是觀光客，帶來很好的旅遊玩樂氣氛，當然是因為雪梨美麗多采的城市風貌，才能吸引如此多留連忘返的遊客。

　　雪梨灣的美景讓人真是心曠神怡，在灣上渡輪享受海風的吹拂，欣賞就在眼前的響譽全世界的雪梨歌劇院，有一股由衷的心喜悸動。灣邊廣場不時聚集表演的街頭藝人，更是讓遊客的觀光興致High到高點。

　　美麗怡人的海岸線和無數個海灘，更早已是全球讚譽有加的，走訪海灘成為我遊旅中不時的樂趣享受，海灘附近的商區、咖啡館，也成為令人最愛駐足的地方。

　　而市中心百貨公司聚集的Shopping區，非常熱鬧，置身其中隨興逛逛，也是很好的享受，當周圍辦公大樓於午間湧出一群群的上班族，和他們擦身行走，和他們一起欣賞大樓間中庭的爵士樂表演，給自己難以忘懷的歡愉經驗。

　　是雪梨擴展了我的國際視野，初次體驗到城市捷運系統的如此便捷，了解到城市可以四處充滿怡人的綠地公園，見識到國際都市的市容可以如此井然整潔，還充滿了令人愉悅的濃郁藝文氣息。

　　三個月到期時，扛了裝載50捲沖洗好的照片回台灣，十公斤的甜蜜負荷，裝載了萬千的愉悅記憶。照片中有意外參與到同志嘉年華會遊行狂歡的我，右手拿著跟遊行者要來的大銀色星星舉牌，左手一瓶啤酒，把遊行和參與觀賞笑鬧狂歡的男女遊人當做背景。

　　照片中有獨棟三層樓落地窗的舊書店，如今成為我書桌前的放大照片擺飾，是我回憶和夢想的景致。看那二樓臨窗咖啡吧區，一桌桌的客人，在一排排樸緻舊書散發的書香中，喝咖啡讀書，或喝咖啡聊天，這情景氣氛是自己追尋的樂趣，喜歡逛書店愛喝咖啡讀書的我，發現了一輩子想望的場所。

　　在雪梨大學附近的藝文街區，帶著澳洲特色的牛仔帽，在咖啡屋裡懸掛的一隻大螳螂下，留下輕鬆愉悅的神情在照片裡。還有一間大廠房的舊書工廠，整片的書海，就像一個寶藏庫，把發現驚喜都收入連拍的相片中。

　　那時在雪梨的三個月可說是一連串的發現與驚喜，見識到氣派像百貨公司的大書店、成人書店、二手書店區，還有同志酒吧，在街上咖啡屋、電影院高興索取的免費明信片、電影小海報，……太多太多的事情了，不時讓遊走中的我，雀躍的享受雪梨的好。

　　趁著轉換工作之際，我又來到雪梨了，取用先前歡愉的回憶，再度遊走雪梨一趟，讓自己有最好的旅遊玩樂休閒，然後蘊積往後工作生活的能量。

K.C Lee 88.5.6

自立快報引我進入雪梨社會

　　雖然憑藉閱讀中文旅遊導覽，及用薄弱的英文閱讀能力勉力消化一些英文的旅遊資訊，讓自己也可以在雪梨玩得很高興，但是即使玩遍了雪梨被介紹得到的好玩景點，甚或自己搭火車巴士到各處郊市遊走，幾乎看盡了雪梨市區的表象風貌，仍然覺得對這裡很陌生，對這個美麗的城市現代的社會難以真正的熟悉。

　　好在到雪梨來　星期後，自己做了個明智的決定，每天訂《自立快報》來閱讀，來對雪梨甚或全澳的社會動態有所清楚了解，也才覺得有「在雪梨生活的感覺」。打算要在雪梨待三個月的長時間，剛好玩一個簽證到期，這麼長的時間若沒能好好用來了解雪梨生活的真實風貌，是會有些遺憾的，真的是靠《自立快報》讓我免除了這可能的遺憾。

　　除了了解澳洲的社會動態外，也能閱讀台灣的新聞，藉以維繫了解這原本生活的地方，而靠報上的新聞，因此也對香港大陸有較多的了解，則是意外的收穫。也是看了《自立快報》才知道此地華人社團的興盛，展現了很強的活動力，舉辦了很多活動，時間上許可的話，我都儘量去參予有興趣的活動。對週末附贈的《娛樂e週》週刊也非常喜愛，可以知曉市區的各項週末活動，還可以對未來一週的電視節目有所了解，全靠這份週刊的介紹提醒，看了電視上很多不錯的電影，而週刊的主題深度報導，也成為我吸收知識的來源。

　　雖然只能做快三個月的忠實讀者，還是很感謝《自立快報》提供我在雪梨生活上的豐富訊息。

K.C Lee 88.6.18

都是人的問題

　　澳洲地大物博，就是人口少了些，人少還真是問題，那來生產建設的人手？那來消費市場人口？那來國際的經濟發展實力？真是沒人難辦事，所以需要移民，你說也可以鼓勵生育，在個人主義發達的社會，不太會有成效的，再說這世界變化快，現在這資訊化社會、國際化市場，三、五年少說也往前翻了一番，等下一代長大，少說遲了三十年，那還有競爭力嗎？用移民快速增加人口，快速增加產能與建設實力，還有快速增加大量的消費市場，的確快速的解決了這人少的問題。

　　不過，人多好辦事，人多問題也多，凡事都是利弊得失一體兩面皆有，沒有說只要好處，都不要壞處的，只能設想周到去求取最多的利，而讓弊失減至最少。

　　移民人口多，移民的適應新環境是問題、習慣新的生活方式是問題、學習新語言是問題、工作就業是問題、原先文化和新文化的融合是問題，而原居民與新移民的相處也是問題，消解反對移民的意見是問題，有問題是正常的，這世界本來就是由一堆問題組成的，有人就會有問題，海上無人荒島才會沒問題，有問題就去解決，這也是推動人類往前發展進步的動力，也是國家持續發展經濟增強國力的動力。最大的問題是沒能力去解決問題，一個個小問題沒處理好，就累積成國家、社會、經濟、治安的大問題了。

　　移民多，多種族多元文化讓澳洲迅速了解融會全世界，這本來要環遊世界才能得到的好處，在澳洲讓人就近在生活周遭就可親易取得，這也是國際化最方便的方法，各地的國際新聞和世界變動局勢都在澳洲的移民身上反應輻射出來，好事的盛大慶祝可以分享快樂，壞

事的抗議也能增進大家對國際時勢的認識了解，可以和世界各地互動關連如此密切，沒有幾個國家做得到的。

　　就澳洲來說，人一多，經濟持續發展，國力漸進增長，不過人一多，要顧慮到的問題也多，譬如人多車多，道路擁塞是問題，道路不足是問題，停車場不足是問題；人多建設多，自然保育是問題；人多工廠多，空氣污染是問題；人多學生多，學校教室不足是問題，開班師資不足是問題；人多垃圾多，處理是問題，環保是問題；人多……，只要設想人一多，連帶也要多的事情，就可以事先去規劃處理，就可以在問題成形前事先避免掉，而避免問題的解決方法，就是先建設，而建設又是增長國家經濟實力的基本，如此想來，如此做真是最好的求取最多的利，讓撇失減至最少的做事方法。

K.C Lee 88.7.5

看了雪梨街頭一些塗鴉的感想

五月份又到雪梨來遊玩，比之於三年前來時的感受，除了奧運前一些地方加緊建設大興土木的視覺震撼外，另一個視覺的大震撼還來自於怎麼多了這麼多到處隨便出現的噴漆亂畫，看了其實很不舒服。

以前來時，只有坐火車經過一些破落荒涼的地方，才會在破舊工廠、無人住的廢墟看到牆外的塗鴉，這樣讓這些破敗的廢墟加點色彩，倒也還有點意思。但現在看來真的是有些亂來，不少火車的車箱裡外常被亂噴漆，如果是一幅美美的圖畫，也還賞心悅目，但看到的卻都是一些難看的字樣和一些亂噴的線條，這對坐火車的乘客真的是一種視覺上的折磨。

又像施工的圍牆本來為著施工期間市容景觀的美感，幾乎都用得很清潔乾淨，有的還會畫上一些美美的畫或標語、或掛上宣傳海報，如今卻常常被亂噴漆，變成一面雜亂有點髒的牆面，又是一種市容景觀的視覺折磨。還有像Liverpool的市區商場，有一面畫了一大幅介紹動植物的畫牆，本來很美的，不知道那個無聊的人用黑色噴漆在上面噴了三個字，一幅好好的畫就被破壞了。

其實最無辜的是一些住家商家，好好的一面牆、一個門，如果被亂噴漆，可要花不少錢去清除，麻煩的是可能原本整體房子外觀的顏色就被破壞了，而如果要重新讓顏色齊一有美感，那要花多少錢哪!何況誰知道那些無聊的人會不會再用他的無聊噴漆再來噴一下，這樣想想，誰也花不下這本來就不該花的錢，也許只好任由這些破壞居家美觀的醜陋噴漆在那裡，儘量學習視而不見的本事吧。

剛好看了一部電影《At First Sight（真情難捨）》，裡面有一幕戲演到從小失明的男主角，動手術復明後看到了一面牆的塗鴉，脫口

讚賞那是很美的美術繪畫，不過女主角卻回他一句這些塗鴉是垃圾。以劇中的塗鴉來說是在一面空牆一體成型畫出整面的東西，真是幅作品，顏色使用也還有美感。男女主角的對話，表示出在繪畫藝術作品的審美上，的確是見仁見智，但可以確定的是，如果只是用噴漆噴出一些無聊的字和線條，除了破壞景觀美感，糟蹋了被噴的牆面外，絕對沒有半點藝術美感價值。

如果像Redfern火車站前那兩面牆上關於原住民的噴漆，是有主題意思的表達，完整呈現出來像一幅畫，那才真的是塗鴉藝術作品。或者像在Newtown火車站附近有一畫上巨大半身人像以月亮黑夜為背景的整面牆作品，那也是一幅很有美感的藝術作品。

這種街頭塗鴉作法，大家都知道在紐約最盛行，也廣為全世界知道，更讓紐約地鐵因此大出風頭，雖然出了很多很好的塗鴉藝術作品，但一樣有一些不入流的塗鴉，成為破壞市容景觀的垃圾，而為廣大紐約市民所攻訐。

如果利用閒置的牆面，大展身手，把一幅幅有藝術美感的畫作呈現給市民欣賞，的確也可以給市容增添一些藝術氣息和美麗的色彩。如果真的覺得有興趣，想把自己的藝術天份，藉由這種塗鴉的街頭藝術形式給別人知道，或讓別人欣賞自己美麗的作品，那就該好好的在使用噴漆及繪畫的相關技巧上努力下功夫，最好多閱讀一些因其藝術價值而被編輯成書的前人作品，這樣假以時日也許就可以成為一位真正的街頭藝術家。而在之前的練習技巧階段，最好是找一處不影響他人的廢棄閒置牆面，以不斷的習作增進自己的本事。到處用漆亂噴線條、字樣的行徑，不僅毫不可取，更應該受眾人的厭惡指責。

我喜歡雪梨，喜歡來欣賞她美麗的市容，也期待在街頭上不經意看到的，都是一面面一幅幅美麗的畫牆。

K.C Lee 88.6.8

回到野蠻時代

看了14日自立快報的社會新聞，真是看得心驚膽跳，覺得很恐怖，一位華人老爹在家門外車道上，竟然遭劫，兩名白種人狠下毒手，將老爹的頭部猛撞水泥地面以至嚴重扭曲變型，這跟本不是只為了搶錢，也不是為了那區區一百元，這跟本擺明的是惡意要暴力攻擊致死的恐怖行為。

這種原本在三流的社會電影裡譁眾取寵的精神病態的暴徒行徑，如今就在你生活周遭不斷發生，威脅你的人身安全，讓你連居住的基本免於恐懼的人身安全自由都沒有，你說是不是真的很恐怖？

這種暴徒行徑，和剛讀完的一段雪梨過往歷史竟是如此的相像，1861年紐省發生了1000多名白人，手持武器直奔華人聚集區暴力攻擊事件，據當時《雪梨晨鋒報》報導，當時有一個中國小孩跪在地上，淚流滿面的哀求放過他，但一個暴徒仍給他足以使人致死的一拳，將小孩擊倒在地。而那些參與惡行的暴徒，在當時的陪審團法庭前還被宣告無罪。

現在的雪梨絕對是一個現代民主文明發達的城市，但持續的發生這種病態恐怖暴行真讓我覺得回到了一百年前的野蠻時代。

也許這樣說來，有點「小題大作」，有些將個案特例泛指普遍化，但真的不只是個案，就在上述同一條新聞裡，有歹徒為了搶一千元，活生生踢死一位中年人。而光是持續注意這兩、三個月來的新聞，你一定發現有很多針對華人亞裔的各種暴力行徑。恐怖暴力當然是我要指控的，但更重要的是這些暴力行徑似乎是專門挑華人亞裔人士下手的可怕演變，如今是不時的偶一發生，但是如果沒能扼止，無法制裁這些暴徒，對於以後可能的演變，我真的不太敢想像。是有些

「故意的小題大作」，因為這種事件的嚴重性非常大，如果不事先警覺，防範未然，要等到事態嚴重時，再來思考對策，可能要付出很大的待價了。

筆者只是來雪梨旅遊暫居一段日子，就有切身的一點感受，一個多月前，在一個星期六下午五點的白天時分，在車廂裡坐滿二、三十人的火車上，竟然有年輕的白人小混混公然的從背後搶走我放在座位旁的相機，發生這種事真使我受到驚嚇，如果是被偷也還好，如果是在四下無人的夜晚也說得過去，這種無視於旁人的白晝公然搶劫真是令人可怕，我是一個遊客，我不知道下次會不會被公然的搶走皮包，搶走我的護照機票信用卡？我知道奧運快來了，倒時將有更多的遊客，不禁就會對他們的人身錢財女全感到擔慮，遊客裡會有很多從台灣、中國大陸來的華人，如果來這邊要成為暴徒攻擊的對象，真是何必呢？

不過，在筆者遭搶事件中，有一中年歐洲移民見義勇為的抓住那小混混，移送警局，真是很感激，也才對雪梨的治安還有一點信心。事件就發生在火車到Ashfield靠站時，和當地商家遭受小混混搔擾威脅的情況，真的是可以連在一起想事件的嚴重性。因為被搶相機被丟出火車遭小混混同黨拿走，至今已一個月了，仍無法取回或賠償，雖然相機只有澳幣400元的價值，只是這個損失，令身為遊客的我難以接受，來雪梨旅遊，二個多月來至少也花了澳幣六千元，來這裡花錢旅遊還要被搶損失，除了錢財上的損失，還有精神上遭受嚴重的驚嚇。

被搶事件後，和一些華人談起，幾乎每個人都也可以講起發生在他們或親人身上的受害經驗，這些都是沒有見報的「小事」，有人在自家門前被搶、有人在購物中心外被搶、有人在停車場停車受暴力恐嚇，都很慶幸沒有遭受到太大的傷害，但下次呢？

三年前也來過雪梨玩三個月，並不會這樣，也不知為何如今對雪梨這個社會感到可怕擔心，對雪梨的治安沒有多大信心。雖然我就要離開了，把可怕的被公然搶劫經驗帶回台灣，拿「警局的報案筆錄」

當做旅遊紀念品，但還是希望這些違害市民安全的違法暴行得到扼阻，那些破壞雪梨治安的害群之馬暴徒得到法律的制裁。因為雪梨真的是一個美麗的城市，值得來旅遊散心，把她的美麗斷送在那些少數的病態暴徒手裡，真是不值，也是雪梨市本身最大的傷害損失。

K.C Lee 88.7.14

STATUTORY DECLARATION

NSW OATHS ACT 1900

SCHEDULE 9

I Kun Chen Lee of 14 Ashford close, Hichinbrook, in the State of New South Wales, do hereby solemnly declare and affirm that:-

I was robbed on the City Rail Trains just before Ashfield Station at 4.55 pm Saturday 12 6 99. There were about 30 passengers on the carriage in that moment. The offender robbed my camera from my bag beside me.

The Camera. Which had been robbed, is made from SAMSUNG. A popular international manufacturer, the product type is "SLIM ZOOM 115A" the purchaser value is A$400.00 This is a multi function high end camera; featured zoom lens wide angle, nighttime shooting and double exposure.

The offender through the camera to a another person who run away with it.

I'm a tourist from Taiwan and visa expires at the end of July 1999 and request that this matter is settled before then.

And I make this solemn declaration, in accordance with the Oaths Act, 1900, and subject to the punishment bylaw provided for the making of any wilfully false statement in any such declaration.

Declared in Sydney this 29th day of June 1999, before me _____ Lee kun Chen

JUSTICE OF THE PEACE
Anthony Peter Lofitis, Suit 602 / 309 Pitt Street, Sydney Tel: 9269 0011

拿「警局的報案筆錄」當做旅遊紀念品

雪梨自助遊最驚嚇的經驗

大白天，在雪梨的火車上被搶

去雪梨旅遊玩了三個月，本來，這趟旅遊還不錯，因為雪梨真的很好玩，不管是自然景觀或是藝文生活，不過，期間發生了在大白天的火車上被搶的爛事，讓自己當時受到不輕的驚嚇，一度完全沒了玩興。

我被搶的遭遇，發生在1999年6月12日星期六下午，那天到雪梨市區逛玩了一天，在下午四點半，從市中心的Museum火車站要坐回市郊Liverpool站回我哥哥家，就在五點左右，坐了三分之一路程，在火車開到Ashfield這一站時，在坐滿二、三十人的火車上層車廂裡，突然被人從後面搶走放在座位旁塑膠袋裡的照相機，那一瞬間真是令自己相當驚嚇，光天化日，眾目睽睽下被搶，不嚇到才怪。

然後，我馬上回神，大叫CAMERA，從座位上追出去，這時才看清楚搶匪是一個年輕白人，因為他被一位見義勇為的中年人（事後知道是歐洲來的移民）在車廂門口裡捉住，搶匪本來想趁火車靠站開門時跑出去，那樣真是捉不到人了。搶匪是捉到一個，不過，搶匪的同夥卻已拿了我的照相機跑出車門了。

再來搶匪先被送到下一個火車站的警衛處，再等警察來移送警察局。見義勇為的中年人在警衛處留下資料就先行離開了，英文不太會說的我，除了一路跟著到警察局，完全沒法說些什麼，通知哥哥前來協助才做好報案的筆錄。我想一般遊客，英文要好到能詳述被搶經過做筆錄，能向警察詢問、提出要求，大概不多吧！

後來想說搶匪當場捉住，拿回相機就算了，誰知道因為那被同夥搶匪拿走的相機，連警察都要不回來，然後警察說要起訴這搶匪，請我們提供要索賠的書面文件，本來警察告知7月6日要開庭，結果卻延

期了，延到我7月28日回台灣來都還沒有下聞，只好請我哥在雪梨繼續
和那警察聯絡了。

　　這個大白天被搶的經歷是我最糟糕的旅遊經驗，也是我最糟糕
的生活經驗，這樣子受到驚嚇，在台灣都沒碰過。被搶之後，有兩個
星期不敢一人坐火車去市區玩，因為怕不知會發生什麼事。好不容易
調適好驚嚇過度的心神後，才又開始一個人獨自坐火車出遊，好在後
來沒再發生什麼事了，不過，我都不再坐上層車廂了，因為那看不到
是否有一些匪徒正在樓梯口伺機對你行搶。而這時，也只好再花台幣
5000元去買了一台相機，這筆錢是在澳洲旅遊花錢花得最不爽的。

　　遊客總會想要在旅遊中帶點紀念物品回來，真沒想到，我帶了一
份「被搶的警局報案筆錄」回台灣做紀念，相信這個有錢都買不到的
特別紀念品，沒有幾個遊客有機會收藏的。

　　再來的雪梨奧運盛會，一定會吸引很多遊客前往，那時雖然雪梨
會比較熱鬧好玩，但可能也是最亂最危險的時候，萬一被搶的不只是
相機，可就很麻煩了，在此提醒要去玩的遊客，真的要好好的保護自
己的人身及財物的安全。順便提醒一下，到時要去雪梨，最好先了解
一下當地的物價消費，因為已經有奸商打算到時猛敲遊客一筆了，雪
梨當地也已經有人在呼籲政府加以防範了。

小小說：遊客和社會新聞

看到報紙上一個叫A市的地方，商家飽受小流氓強奪欺壓，而警方顯然束手無策，以至於搞得要簽名請願，實在讓小華看得直搖頭，這是什麼樣的社會，壞人可以橫行霸道，小市民想要規矩做點小生意為生竟不可得。小華想古代社會說土流氓無所忌憚的魚肉鄉民的惡行惡狀，就是這樣吧！

對這些小流氓的違法惡行，真的令小華有些感同身受，雖然他只是一個遊客。因為前些天，就在火車在A市到站時，小華眼睜睜的看到一個小癟三快速搶走自己放在帶子裡的相機，趁著火車短暫開門時間逃跑了，留下小華驚嚇的回不了神，只想到大家說的這美麗的城市一個好玩的地方是這樣的嗎？

小華記得前些天經過一個滿是落地門窗的咖啡屋，看它燈光搞得黑漆漆的，似乎很有那種頹靡的浪漫藝文格調，因為趕路沒進去喝杯咖啡，沒想到才幾天報紙上報導這一家咖啡屋公然販售毒品，這又令小華驚住了，在鬧區逛街景點有這樣的事，真要出點什麼事應該很容易的，小華只想到像護照機票信用卡這種貴重物品可要萬分小心，在這個「可怕的地方」？

本來靠著網路便捷的火車，小華可以到處亂去，這城市都快讓他跑熟了，但現在坐火車都讓他有所顧慮，而這城市如今變成一個他感到很陌生而有所疑懼不安的地方，他已經不知道在這裡還玩些什麼，還是回家去吧！雖然自己來的地方不能說沒有這些社會問題，但畢竟在自己熟悉的地方，碰上倒楣的事還知道如何處理，而且也知道如何預防，一個遊客在異鄉如何去清楚知道四伏的可能危險呢？小華想自己活到三十歲，第一次經歷到在現場有二、三十人的公眾場合，被公然

行搶是什麼感受。在這地方做遊客似乎變成了一種冒險的舉動，小華想想真是何必，花一筆不算少的錢來玩，搞到自己要提心吊膽，自己怎麼像個傻瓜一樣。

　　小華想回家之後，可要跟朋友提一提，尤其是那些做旅遊資訊出版的朋友，告訴他們，在這個城市的某些地方，如果有人問你「Are you alright?」，別以為是對外國遊客親切的招呼，也不要以為是開口練習英文的機會，因為原來講話的人是在賣一種「特別的貨品」。

　　當然關於A市所發生的事及發生在自身的事，一定要嚴正的告訴朋友，雖然這城市仍有美麗的景物，還是儘管來玩，不過對這麼多「人為不善」的危險，要隨時做好防身的身心準備，最好先想想如果要去警察局報案，要怎麼說呢？

K.C. Lee 88.6.25

坑騙遊客的澳洲墨爾本市區酒吧旅館

　　剛從澳洲玩了三個月回來，對於在墨爾本投宿旅館被惡意坑騙的經驗，在此讓有可能去墨爾本的自助遊客引以為鑒。

　　5月初去雪梨住哥哥家，早預計去墨爾本玩要外宿旅館，所以，先在台北的金展旅行社花台幣400元辦一張Backpackers VIP卡，聽說這是在澳洲時很好用的旅館住宿組織會員優惠卡。而去墨爾本前，在雪梨先研讀了一本《TNT MAGAZINE》，這本雜誌是在雪梨市區各旅遊資訊處可以很方便免費取得，內容是為持VIP卡遊客提供有投宿旅館的優惠資訊。

　　5月28日早上了墨爾本市區，決定到地址是197 BOURKE St，名字為CARLTON HOTEL的旅館投宿，因為這Hotel位在市中心，在TNT雜誌上有半頁的廣告，也寫明了無衛浴設備的單人房每晚澳幣28元起，對持VIP卡者有折扣優惠。對這Hotel沒有像樣的旅館Check-in櫃檯，而是在位於二樓的酒館吧檯登記，雖覺不很妥，還是決定投宿，拿了雜誌廣告頁、VIP卡及護照，問清楚住三晚為澳幣140元，雖然花費比廣告上的價錢多出快一倍，但工作人員說只有這一雙人房了，想想換算台幣也不貴，而且坐了一夜巴士很累，沒心力再提著重行李去找別家旅社，就用信用卡刷了澳幣140元。

　　進了那爛房間，覺得根本不值得花這個錢住，因為卡已經刷了，不知如何反悔，只好安慰自己將就一下。房間有強烈的潮溼霉味，棉被有些潮濕髒髒的，床墊是沒了彈性睡起來很不舒服的硬床墊，木衣櫃和小冰箱都髒得讓我不敢用，黑白小電視收視不良沒法看，有一個洗手檯則會積水，這些破破髒髒的東西外，就剩下狹窄的一個人身走道。而且房間在五樓，出入上下走樓梯很麻煩，更不方便的是連上個

廁所也要跑到三樓去，另外，房間隔音效果很差，晚上鄰房的聲響會吵得讓人難入睡，而唯一有的住房服務是換垃圾桶的垃圾袋。

因為墨爾本真的很好玩，決定多留一晚，就在5月30日向旅館表示要再多住一晚，依工作人員表示加付現金澳幣42元後，此時一個在旁邊看像是老闆的人先向我要了信用卡，竟然才說先前住宿費算錯了，拿了我的信用卡又刷了一張澳幣198元的帳單，這種事後調價的做法擺明是在坑人，當然名字簽不下去，但又沒辦法，只好一直表示要先拿回140元的簽單，工作人員卻就是沒反應，只一再叫我放心，這時我不得已的只好簽了那張198元的帳單，面對看起來像保鑣似的酒館工作人員，我能不簽嗎？可能被騙的疑慮自此沒有消除，還影響了旅遊心情。

回到雪梨後，就請我哥打電話問了雪梨、墨爾本市區的無衛浴設備的旅館雙人房價錢行情，就是差不多一天澳幣55~60元，而且那是沒使用 VIP卡的價錢，回想起來最初付的一晚澳幣47元住宿費，就是使用VIP卡的優惠價錢沒錯。後來和一位哥哥的台灣移民朋友談起，他也告知在澳洲有不少那種酒館兼營的旅館，專門坑騙遊客。

如今回到台北，看了帳單，果然140元和198元兩筆費用都被請款了，也確定被那爛旅館惡意坑騙了。這樣扣除退房時退回的澳幣20元，我住四晚總共花了澳幣360元，這樣住一晚花澳幣90元，在墨爾本可以兩個人住有衛浴設備的很好的雙人房了。

對於這次被騙的經驗實在有些冤枉，在台灣特地辦了那張Backpacker VIP卡，才讓自己往那家爛旅館去給坑騙，如果只靠哥哥和自己的詢問了解，還不會發生這種被坑騙的事情。好在被坑騙的金額換算台幣也才3、4000元，不過這種爛旅館惡意坑騙遊客的惡劣行為，一定要公告於大眾，希望不要再有遊客上當被坑騙。

K.C. Lee 88.8.10
投稿：中國時報 旅遊周報 自助經驗談

雪梨市中心兩家旅遊書店

　　愛好旅遊的遊人，對旅遊書店都會有一份特別的喜愛吧!我在雪梨市區就發現了兩家旅遊書店。

　　在雪梨市中心的371 Pitt St，透過落地玻璃門看到滿牆的地球儀，就是一間店名為「Map World」，主要專賣地圖及地圖相關產品的旅遊書店，商品的大宗是其自家澳洲全區和各地地圖，有以省份或城市來區分，且都有不同版本可相互比較，此外，還有立體的、越野用、航海用、地形學的等各類專門地圖。一般世界各地熱門旅遊地圖、地圖集及旅遊導覽叢書當然也都齊備。談到價錢，世界地圖或全澳地圖價位在10元上下，澳洲分區地圖則5到8元都有。至於擺飾的地球儀就比較貴了，幾十元幾百元，不過有吹氣的地球儀氣球，11元就買得到了。專程走到這裡，可以順便逛逛隔壁365號的taylors books舊書店。

　　走出「Map World」，順路往下走幾步就是Liverpool St，往左彎繼續走，在雪梨海德公園的斜對面175 Liverpool St 就是另一家旅遊書店「Travel Bookshop」。位在辦公大樓的這一家「Travel Bookshop」除了地圖、旅遊導覽相關產品也不少外，有很多東西比較有意思，店裡設有外幣兌換中心，有一些如瑞士刀、電線插座等旅遊隨身用品販售，還有世界音樂CD和精美的藝術T恤、明信片，是很棒的旅遊紀念品，最特別的還有旅遊文學舊書，不過書價不便宜，至少要2、30元吧!。逛累了，隔壁就有露天咖啡座，可以讓你喝杯咖啡歇息一下，欣賞對面海德公園的綠意，或看看來往的澳洲上班族。

在雪梨港邊重逢「海上書店」

在雪梨港邊重逢「海上書店」，真是憑添了旅遊的喜悅。

之前看到報上廣告，號稱擁有世界最大的「海上書店」DOULOS號郵輪，停靠在雪梨港灣邊，供遊客免費參觀，喜愛逛書店的我，當然定要前去一遊。看廣告時就想到，以前曾經在台灣也逛過環航世界停靠港灣供人參觀的郵輪海上書店，會這麼巧是同一艘嗎？

果然，一到港灣邊看到郵輪頂邊三個英文大字「GBA」，我就確定那是我在台灣台中港曾經很歡喜登船遊逛的海上書店，在我為他留影的一捲照片裡，「GBA」三個英文大字令我記憶深刻。實在是太巧了，難得的來雪梨一趟，在短暫停留的期間，竟可以和一艘環航世界不定時不定地停靠的海上書店郵輪再度相逢，這種重逢的喜悅，真抵過在雪梨發現一家不錯的新書店、玩到一個不錯的新景點。

路地上的書店逛了很多，也可以一直再逛很多，但海上的書店，一輩子有幾次機會可以逛呢?那時在台灣是專程由台北開車下去台中港，這距離有點像是從雪梨西郊的利物浦市專程開車到史蒂芬港。那時這艘海上書店郵輪停靠在台中港，還吸引了相當多參觀人潮，排隊上去的時間至少要半小時，排隊等候上船的人至少都在幾百個以上，真的是一個小小的盛況，在報上也成了不小的新聞。

如今在雪梨港灣邊，沒看到當時經歷過的盛況，想是雪梨港灣邊太多太棒太美的好玩景點，讓海上書店也相形失色了，而台灣好玩的去處可能真的太貧乏了。

舊船重遊，對我來說，難免少了新奇的喜悅感，但是如今可以坐在海上書店甲板的咖啡座，喝咖啡欣賞世界最美麗的港灣和美麗的歌劇院，真是難得的經驗，相信這應是一輩子才有一次的感受體驗了，

可以說是這次雪梨遊中一個難以忘懷的重要回憶。

　　這一次也較清楚知道了一些關於這艘郵輪的身家資料，原來他建造的時間只比鐵達尼號晚兩年，真的是很有歷史，也是以前還沒有這麼出名的鐵達尼號可以比較宣傳，所以讓人對他的年代無法較清楚的感受吧！

　　登船一遊，也許可以讓你想像體會一下，就如鐵達尼號航行的時代那搭乘大型郵輪的感受，看到甲板上放置的一艘艘救生船，你會想到什麼情景呢?所以可別錯過了。在此提醒一下有興趣的讀者，海上書店對外開放到7 月25日，週一至週六從早上10點開放到晚上9點，週日則從下午2點開放到晚上9 點，只在7月14日休息一天。

　　最後，摒一下關於廣告上對這艘郵輪的介紹，DOULOS號是世界上仍在航行的最古老的越洋遊輪，過去二十年來，DOULOS號環航停靠世界85個國家400個港口，舉辦優惠價格的書展銷售，以收入幫助各地的貧困人民，給予最大的人道關懷。現在船上有來自35個國家超過300名的工作人員，本身就像個小型聯合國。

K.C Lee 88.7.19

DOULOS號是世界上仍在航行的最古老的越洋遊輪

澳洲作家懷特的讀書觀有感

　　近日讀了澳洲偉大的作家，1973年諾貝爾文學獎得主帕特里克·懷特的自傳《鏡中瑕疵—我的自畫像》，裡面提及他在早年年輕時求知做學問的自我醒悟，他這樣形容自己：「我知道我不是當學者的料。我更像是裁縫鋪門把上掛的白布口袋，裡面塞滿了色彩斑斕、大小不同的布頭，有朝一日會派上用場，甚至成為充滿詩意的藝術品。」

　　真是讀來深入我心深有同感，當求知欲旺盛的心靈啟動後，怎如何抑制得住，興之所至，定要將所接觸到的感興趣的書，一本一本不斷的讀下去，而在閱讀中感覺意興不足處或知一己之不足處，更要去搜羅相關的書籍來讀，甚且在閱讀中會不斷發現新的感興趣的題材，又要去找來更多的書來讀，如此成為習慣，當然，沒時間也沒心情待在學院裡受限專研一門學問而成為「學者」，當然，如此雜亂的思想在表達上也沒法接受學院裡一些必要的教條限制。

　　然而如此廣泛閱讀各類「雜書」的方式，其實是很可以塑造出一個博學的讀書人，因為日進有功，假以時日，當能在很多方面都顯現出獨到的好見解，更因為多所了解而能有觸類旁通的學識功力，反而常比專研一門學問的學者顯得更有知識，也因為廣泛的知識必然和社會的接觸面比較廣，而常可以對社會種種現象有更深切的理解認知，發以為文，常能提供給社會更好的觀察建言。

　　懷特自陳這個「碎布口袋」正反映了他雜亂無章的思想，而他也真的讓口袋裡「色彩斑斕、大小不同的布頭」，在他後來的創作裡派上用場，真的讓它們成為受世界肯定的「充滿詩意的藝術品」。

　　懷特，真是我輩讀書人一個效尤的好榜樣。

K.C Lee 88.6.27

雪梨和奧運的一段歷史插曲

　　讀書的興味，來自於你可能在書中意外發現到一些有意思的資料，那種感覺有點像在旅遊時發現一個自己很喜歡的地方，如很棒的咖啡屋、書店之類的。

　　現在雪梨市最受人關心注意的事，莫過於將在明年舉辦的奧林匹克運動會這個盛事了，幾乎每天有相關的新聞發生。而近日讀澳洲諾貝爾文學獎懷特的回憶錄《鏡中瑕疵》，讀到二十幾年前他和興建奧林匹克體育場的一段插曲，就覺得特別有意思，讓你能更了解雪梨和奧運的歷史關係。

　　懷特於一九六三年定居於摩爾公園和百歲公園之間的馬丁路，在一九七二年時，被他形容為「雄心勃勃」的政客和當時的市長，打算要鏟平他們那條路的房子，建一座奧林匹克體育場，還計畫把摩爾公園改建為小運動場，旁邊再蓋一座奧運村，這樣一來別說他的家園沒了，而兩個公園的自然景觀和生態將因此受破壞，讓懷特決定站出來，積極參與了當時「反興建」的抗議活動，在一連串的集會演說陳情、抗議，終於使當時那個興建奧林匹克體育場的計畫宣告取消。

　　如今確定要舉辦奧運了，而把奧運村、體育場、體育館等大範圍的土地利用集中蓋在城中鬧區外的Homebush Bay這個地方，應該是一個很好的選擇。

K.C Lee 88.6.29

心想韓少功的《心想》

在雪梨中國城的源慧書局，花了一元澳幣買了這本韓少功先生的《心想》，這是一本文章結集的書，是在一堆瑕疵書裡覓得的，明知書有缺頁，但想花一元看幾篇好文章也夠本了。

果然把米蘭昆德拉的《生命中不能承受之輕》翻譯得很棒的韓先生，他個人抒發感思的文章也是很棒，在他的文論中我看到難得的現代讀書人的風範，為文立論中肯，凡事就事論事省思，有主見有定見，卻將偏見消滅，甚至為文批判偏見。

第一篇長文<世界>，從語言的使用來談民族感，講得真好，舉例更是精闢，真該是中國人都該讀的一篇傑作。還有一篇<米蘭昆德拉之輕>可以說是他翻譯《生命中不能承受之輕》的導論，是如此優秀的譯者提供了了解昆德拉和這本偉大小說的重要資料。

其他一些文章中省思中國大陸的歷史過往，也講得極為中肯，不取寵不漫批。雖然少讀了這本書的61至92頁，少讀了幾篇文章，但卻已經足夠了，才花一元，卻已獲得了韓先生如此多的寶貴思想見的，真是好在沒因這本書的瑕疵缺頁而錯失它。

K.C Lee 88.7.12

遇見「巴黎隱士：卡爾維諾」

　　那天到墨爾本玩，到 Prahran market一遊，在market旁逛到一家舊書店 DR. SYNTAX BOOKSHOP，店員小姐很親切的招呼，笑容可掬到讓我一定要買點書回饋才行，於是很用心的搜尋那好幾面的書牆，沒想到竟發現了和米蘭昆德拉一樣是我最愛最欣賞的小說大師卡爾維諾Italo Calvino的三本傑作：《If on a winter's a traveller如果在冬夜，一個旅人》、《Marcovaldo馬可瓦多》、《Mr Palomar帕洛瑪先生》，每一本都只要6元而已，花這18元給了自己旅遊中特別珍愛的禮物。

　　如果說只能看兩本小說，除了米蘭昆德拉的《生命中不能承受之輕》外，另一本就是《如果在冬夜，一個旅人》了，這本書絕對是當代小說經典，卡爾維諾思考：「當我不存在時，我將如何寫作？」於是寫出了這本「作者將自己消音」的後現代後結構主義最具代表性的小說，讀這本小說，絕對讓你驚嘆：原來小說也可以這樣寫，而且，寫得這樣好。

　　《馬可瓦多》是一本令我感觸深刻非常喜愛的小說，敘述一個小市民小工辛勤工作養家活口，卻連三餐溫飽亦不可得的無奈，輕描淡寫的敘述手法，更透露出更無可奈何的悲哀。

　　《帕洛瑪先生》則是卡爾維諾生前最後出版的一本獨白小說，可說是大師晚年自剖的思想傳記，透過日常生活人事物的觀察省思，以私語獨白的方式，寫出了平凡中見偉大的深奧事理，真要有豐富的人生閱歷後才可以讀來深思參透，最喜歡其中一句話：「因為青春無法且不該固著侷限於此地，只能夠前進，位居他處彼方。」因為，這句話寫出了我喜歡旅遊的驛動的心情。

　　早先都用心讀過大師的著作中譯本了，說到後現代小說經典，大師的另一本小說《看不見的城市》也是，詮釋人性想望中的各種城市，對於城市的意涵有最深刻的描述，曾改編成現代舞劇由雲門舞集在台北上演過。如果要了解大師，該去讀在他逝後才結集他的日記、訪談、回憶短文等各類文章而成的《巴黎隱士》，這本書可說是他唯一的自傳了。大師還有一本逝後結集的《給下一輪太平盛世的備忘錄》，是他有系統寫來的一篇篇演講稿，精彩的體現了他的文學創作理念和對小說的述評。

　　想卡爾維諾在所思所言所行所做都如此超出同代人的大師風範，想必也有他孤高的寂寞，用「巴黎隱士」來稱呼大師真是最好的稱譽了。

　　對我來說，逛書店是旅遊中必要的樂趣，尤其是逛舊書店，隨興

找尋，遇上喜歡的書籍把它買下來，則是旅遊中很滿足的收穫。逛舊書店覓得大師的作品，是我墨爾本一遊難忘的愉悅回憶。

K.C Lee 88.7.11，
SYDNEY

懷念雪梨的圖書館

　　在雪梨生活了三個月，回想起來，雪梨的圖書館是讓我很懷念的。

　　很喜歡雪梨的公立圖書館，總是設置在大小市中心區，隨意逛市區就讓你發現到它，而且圖書的借閱室常都在一樓，透過落地窗向街上的行人展示它的藏書，吸引著喜歡看書的人，走幾步就可進館瀏覽，而完全開放式的進出，讓身為遊客的我也可很方便的進館隨興翻看著開放式架上的書籍。

　　而讓我如此喜歡進館看書的原因，和總是在圖書館裡，發現不少有一整個書架的中文書有關，因為華人的移民在雪梨為數不少，圖書館也在採購藏書時很照顧到華人移民的閱讀需求。好幾次，到一些市鎮去閒遊，逛圖書館都成了那一天的行程中，很有意思很有收穫的行程。

　　住在雪梨市郊哥哥家裡，沒有到市中心遊玩的日子，就常常到最近的市鎮圖書館走走，或到更近的郊區社區圖書館，去看看書，用哥哥的身份借些書回來讀。

　　圖書館的中文書來自兩岸三地，香港、大陸出版的書則佔絕大多書，只是隨便逛逛看看有什麼書就很有意思，可以對香港大陸出的書多些認識。而發現到在台北無緣發現的好書借來讀，更是讓自己有很愉悅的異國閱讀享受，就是從圖書館借讀到澳大利亞作家帕特里克‧懷特的晚年回憶錄《鏡中瑕疵—我的自畫像》，這是大陸中外文化出版社所翻譯出版的，若沒這機緣，我想可能就錯過了認識這一位得到一九七三年諾貝爾文學獎的澳洲大作家，錯過了認識一位自己很喜歡的作家，很喜歡他在思想上的開放不受教條約束，且對於拿教條形式規範來批評他的人的嚴詞反擊。

　　還借讀有一本書，劉再復的《人論二十五種》，也是讓自己閱讀後非常喜愛的一本書，這是香港牛津大學出版社出的，劉再復以人之言行心性分論成二十五種，每一論都有精闢的見解，和適當的引證，真是令人佩服，讀他論媚俗人、點頭人、陰人、巧人、畜人…等，同時思索印證生活工作上所遇到的人，真有更透徹的了解。因為太喜歡到想收藏這本書，決定不還了，用了書價澳幣16.5元把它買下，因為回台灣應是買不到的，有先上了中文的網路書店就是搜尋不到，有想到「獨佔」了這本好書，會不會反而讓別人無緣一讀，不過，想已經給了書錢，相信圖書館有管道再去採買的，而後來在另一間圖書館又發現到架上有一本，此時也就真的釋懷了。

　　要回台北前，又借到一本《澳大利亞文學評論集》，也是大陸出版的，在很了解雪梨這都市的風貌與生活後，對自己興趣所在的文學，當然更有心去研讀了解，先大概翻讀了這本書，就確定它是自己目前所知了解澳洲文學最好的一本中文書，在雪梨沒有太多時間可以專研這本書，於是又決定花澳幣10元，從雪梨的圖書館買回台北來了，慢慢的再花時間用心閱讀。

　　也是快要回台北前，才知道了原來在雪梨市中心的「雪梨市市政廳圖書館」，沒有澳洲身份證明的遊客，也可以借閱館內圖書，只要先繳交澳幣20元的年費，雖然限借兩本書，對暫居雪梨的遊客，尤其是遊學生來說，真的是很好的一項服務，可惜自己沒早些知道。

　　想想，在雪梨，那三個月沒有工作的日子，生活就是閒遊和閱讀，而雪梨的圖書館則是其中不可或缺的生活的一部份。

維多利亞省州立圖書館

商業鬧區的知識殿堂

　　就在墨爾本的商業鬧區中，最著名的Melbourne Central購物商廈正對面，就是維多利亞省的知識殿堂—STATE LIBERARY OF VICTORALIA維多利亞省州立圖書館。

　　當你逛完Melbourne Central，想找個地方休息，這圖書館館前廣場是你最佳的選擇，從台階步上這綠草如茵的廣場，有很多靠背長椅供你歇坐，可以居高臨下欣賞墨爾本主要街道 Swanston St路上電車往來頻繁的街景。這地方也是情侶約會談心的所在，你有可能像我一樣，看到熱戀中的情侶控制不住的熱吻起來。中午時分，這裡也是臨近上班族和大學生選擇用餐的地方，一起到訪的還有鴿子們。

　　最特別的是在上台階時路邊的圖書館雕塑標誌，若你只是坐電車經過也一定會被這以金字塔形狀立嵌在路邊、上刻著LIBRARY大字的「屋頂一角」深深吸引住，相信你也會覺得這是所見過最特別的雕塑，已然是墨爾本市區的重要地標之一。

　　圖書館本身就是一幢古蹟建築，從外觀上你就能欣賞到它那典雅壯麗的圓形屋頂，這是於1913年建成開放的呈八角形的「圓頂閱覽室」，要上了二樓裡面，才會被它的莊嚴宏偉給震懾住，挑高五層樓的寬大空間，往上四面望去是一層層的書牆，隱約可看到樓上一間間的藏書室，四、五樓藏著有珍貴的手抄本、原稿和珍本書，我不禁立在那裡，任憑這知識寶庫震撼心神，久久不能自已。再看到裡面埋頭讀書的學生，會讓人想有時間，可以整天浸淫在這知識的寶庫裡，是生命中多美好的事。

墨爾本國際音樂節彩繪大提琴展覽

　　在ABC電視台看了《小提琴的歷史》紀錄片，片中介紹了專業師父製作小提琴的過程，看每個過程步驟精緻的木工手藝，真是在看雕塑藝術品的完成，而每一把製作成功的小提琴本身就都是一個完美的藝術品。

　　應是小提琴那美麗的婀娜琴身曲線，展現出最美的藝術線條，放大了的大提琴，自然也美，就想到將於7月10~18日舉辦的墨爾本國際音樂節，應該去看看，慶典有一個靜態的展出活動在著名的維多利亞藝術中心，那是一場很特別的彩繪大提琴展覽，是由21位澳洲頂尖藝術家，把大提琴當做油畫布，揮灑他們的想像力，展現一幅幅美麗的彩繪，看了已經以照片公開讓人欣賞到的幾把彩繪大提琴，真的是美得令人讚嘆。

　　當然，經由音樂家發出來的琴音，總也是美妙而動人的。

K.C Lee 88.7.13

美麗人生 Life is Beautiful
一部最美的電影

　　看到了新出錄影帶的訊息，現在可以租看到《美麗人生 Life is Beautiful》這部非常棒的電影了，還沒看過的朋友，絕對不能錯過，這一部電影一定讓你讚譽為最好的電影之一。

　　導演羅貝多・貝里尼（Roberto Benigni）真的是演藝界的天才，自編自導自演了這部《美麗人生》，他以幽默的方式，來表現二次大戰時希特勒戕害猶太人的集中營悲慘故事，把被抓入集中營的事實，對一同入營的年幼小孩竟想出了「這是一個捉迷藏的集體比賽」來哄騙，在每日奴隸般的勞動後，還要編出各種說法來使小孩想繼續玩下去，不會吵著要回家，看到這一段演出時，一定讓你非常的動容，在故作的詼諧輕鬆中，更加深那真情的感悲，直入人心深處。真是人生之悲，莫過於如此之無可奈何的被迫害，無可奈何，最好還是談笑處之，讓自己可以撐下去。

　　羅貝多・貝里尼以追逐愛人、成家生子的溫馨情愛喜劇為故事開場，而其輕鬆詼諧逗趣的對白劇情調性，成功的延伸於全片，而能把這麼嚴肅的題材用幽默的方式演出處理得如此深刻如此成功。

　　由衷真情的推薦這部非常值得觀看的電影傑作，看一部如此有意涵的電影，給自己一次滋潤摯情心靈的機會！

K.C Lee 88.7.7

霧中風景

　　黎明即起，天色漸明，見到一片霧濛濛鋪蓋大地，如此天色蒼茫，對一個台北來的遊客來說，真是難得的景致，在二樓窗邊凝視窗外許久，有一種很特別的心思感受，彷似進入冥想中的沉思，有一種孤寂中的振奮。

　　讀書片刻後，帶兩個姪子穿越馬路去學校，先前這是一個想趕快進行完成的事情，今天確覺得是一件很愉悅的事，越過馬路後，看著慢步前去學校這一大一小孩童的霧中身影，當下感覺就像置身於希臘大導演 Theo Angelopoulo的電影《霧中風景Landscape in The Mist》一般，看著劇中主角姐弟倆在茫茫的霧中公路無助的要前往遠處尋父（印象中是如此），這部電影劇情是悽楚的，姐弟兩的尋父路程中的遭遇是悲愴的，也許就是因為這部電影讓我對大霧總有著很深的孤寂蒼涼感，也是因為這部電影讓自己同時對著大霧也都油然的生出一份自我振奮的感觸。

　　兩姪兒漸行遠去，我仍漫步路邊許久，讓自己浸淫於這很美的清晨霧中，呼吸著特別清涼的新鮮空氣，凝望大路兩旁的霧中林樹和間雜的房舍，景致真是很美，像一幅畫，看著過往車輛從遠處駛來而過的車前霧燈，也是霧中很美的一種景致感受。

　　回到屋裡，拿出從台北特地帶來的《霧中風景》電影配樂，播放一遍又一遍，沉浸在音樂裡，繼續享受著這難得的人生中美好的情景感觸。

K.C Lee 88.6.30

出版業的可貴

現任的台灣商務印書館總經理郝明義先生，曾在報紙上的專欄寫到：「如果不是書籍，韓非子的思想，怎麼穿過時空，和二千三百年後一個冬天早上台北市八德路一棟十樓上一個被凍醒的人產生交流呢？」那是在一個冬天的早上，被凍醒的郝先生隨手抽了本《韓非子集釋》來讀，在對韓非子的思想內容讀得擊節讚嘆之餘，體悟到出版的可貴而發的醒思之語。

這段文字用親身的體驗寫出來，真是對出版業之所以可貴的重要性，做了很好的闡釋。

前些天經過雪梨中國城的寶康書店，看到門面櫥窗裡竟醒目的擺了本《從翰林到出版家—張元濟的生平與事業》，真有些訝異與驚喜，訝異這種出版資料性的冷門書有機會可以如此醒目的向過往行人展示介紹，驚喜的是很高興在逛街瀏覽書店櫥窗時再一次和這本好書相會。

張元濟先生正是中國第一家現代企業化出版社商務印書館的創辦人和經營者，這本《從翰林到出版家》是記錄張先生一生偉大志業的一本傳記，同時更是記載商務印書館偉大歷史的傳記。張先生的偉大在於他原是讀中國古書學術有成的翰林，卻能在清末那中國動亂頹敗的時代，能體會、接受、宣揚「現代的知識與技能」，展現真正讀書人的風骨與勇氣，敢於對清朝政府霸權提出建言，而他真正明白「出

版業的可貴」，用心努力經營商務印書館的出版事業，不斷的以出版好書來教化當時廣大的中國人民，期望提升人民的現代智識與技能，好好的建設國家，希望因此對國家起到振衰起敝的最大功效。

　　這本書可以說是印證「出版業的可貴」最好的書了，因為有出版的記述，我這後生數十年的小子，才有機會了解到這堪稱中國現代化出版第一位出版人和他經營的事業對中國的貢獻及其歷史，而整本書的內容，更是將出版業的可貴做了最好的事實說明，可以讓你深刻體會到為什麼有人會說，出版事業可以興盛一個國家的國力，因為出版傳播智識與技能，可以讓一國之人得以好好建設發展國家。

　　因時代動盪變因，造成如今分隔五地的商務印書館，在講求跨國跨區合作以求國際競爭力的現在，應該是有機會去重振當初在二、三〇年代時，就已展現出來的中國第一個現代出版集團的實力，發揚張元濟先生的偉大志業，的確是前景大有可為。

　　出版業不僅是對個人來說可貴，對國家來說更是可貴，期待愈發強盛的中文出版事業，教化出優秀智能的廣大中華人民，讓中華民族在國際上能展現更優越的建設成果來。

K.C Lee 88.7.1

電腦與出版業

電腦運用和網際網路帶來新的生活方式，也影響改變了行業工作的形態，對出版業來說，最重要最令人關注的變革就是網路書店和電子書兩方面了。

網路書店是在銷售方式上的重要變革，談到網路書店，只要觀察其「世界龍頭」亞馬遜網路書店（下文簡稱亞馬遜），從其於一九九五年創立後，因其全球最大規模而吸引世界各地注目，形成各方熱鬧的討論，到現今股價崩盤的現況演變，我們就可以有深入的了解。

亞馬遜原本以無需先進貨、沒庫存等超低成本的優勢，要搶攻圖書銷售市場，一出來就引領網路行銷這新興行業風潮，看似已然的成功，其實在經營本業尚無獲利上，卻有一大票人以「不確定的未來情勢大好」因素，看好他必將大賺一筆，瘋狂搶購它的股票，炒作出它高於身價數十倍的「股市身價」。如今情勢確定了，當傳統的大型連鎖門市書店，紛紛成立網路書站後，挾其自身的門市龐大庫存書籍貨源，及進貨上的低價優勢，不消多久已然逼退了亞馬遜，搞得亞馬遜竟耗巨資成立倉儲，預先大量進書堆積，根本「違背」了它原先要賴以賺錢的利基點。原本就處於業績虧損的亞馬遜，股票在這時候開始狂跌，是必然的，明眼人一看，就可得到簡單的定論，當然是原本就有倉儲設備和豐沛貨源的大型連鎖書店，會是網路書店的贏家，而亞馬遜那引領一時的風潮，本質上是建築在「空泛預期」上的一種泡沫經濟，如今被戳破了。而網路書店是否可以成為行銷書籍賺錢的利器，基本上和現今的網路行銷電子商務是一樣的，市場環境和技術方面都還有待再發展，還有一段長路要走。

　　至於電子書則是製作方式的重大變革，一直以來在出版業引起是否會取代印刷出版品的探討，然而從本質上來看，電子書的優勢在能以小體積儲存巨量資料，和在操作上便利檢索查閱，這兩項優點當然讓大套工具書、百科全書等，以此方式出版是最經濟實惠的，雖然還是有人寧願擺置欣賞和查閱大套印刷出版的百科全書。至於一般的圖書來說，其具有的閱讀和攜帶「雙重一體」的便利性，是用電腦看電子書的形式難以取代的，就算現今已發展出更便於攜帶的掌上型電腦，在整理查閱資料上比筆記型電腦更加便利，可是一樣的，真要閱讀書籍，幾乎沒有人會選擇盯著螢幕看這種累人的方式，就像現在，上網查閱資料如果遇到真正要研讀的資料，你還是會把它列印出來，好仔細反覆的閱讀。

　　連在工作上大力推行無紙張工作環境的比爾・蓋茲，在其新作《數位神經系統》中也說了：「但我自己都會列印冗長的電子文件，以便閱讀和加註。」這位推動世界電腦化變革的軟體巨人的體認自陳，可以說是最好的專業權威印證，也正如他所說的，印刷出版的「書和雜誌的閱讀性和攜帶性」，仍有著電子書難以打倒取代的優勢。

K.C Lee 88.7.2

新名詞、舊觀念

近來報章上介紹教育方式時，多所提到「多重智力教育理論」，這是由美國教育學家在幾年前提出的，研讀後，覺得其實立論並非新發現，我們中國人老早在學校教育上提倡有「德智體群美五育並全發展」，多重智力教育理論裡提到的語音和邏輯數學智力的提升，只是我們「智育」裡的一部份，個人內省智力是「德育」，形體運動智力是「體育」，人際關係智力是「群育」，空間關係、音樂、自然等智力應是屬於「美育」。

多重智力教育理論只是以現代化的語言加以表達出來而已，其貢獻應是在整合分析建立理論條理上。

就想到早先時候成為中文暢銷書的那本《EQ》，其實談的只是人們一直持續在談，而且早有很多相關出版品的個人情緒控制的問題，作者只不過提出了個「EQ情緒智商」這新名詞加以包裝而已，他講的立論道理，在我們先人留下談修身養性的好書籍裡更多更豐富，去研讀「論語」保證你的收穫大於讀《EQ》。

而日前以全球二十幾個國家同步出版的造勢方式，而轟動一時的比爾蓋茲的《數位神經系統》，也是打出他自己定出的新名詞，講的是電腦化時代裡，企業如何善用電腦做為經營發展管理的利器，和如何善用網際網路做好電腦化時代的行銷，沒有什麼重大的新觀念發表，談的立論內容早已散見於其他書籍報章雜誌，廣告宣傳的好像比爾蓋茲要談什麼新理論新變革的，結果一堆讀者讀後都大失所望。

舉了這些例子，是想說，在這資訊爆炸的社會，很多出版品，為了吸引眾人的注意，提出個新名詞，搞得像是前所未有的新創見發表，以此「標新立異」，引起社會一般人以為一定要去了解這新觀念

才跟得上時代，就買了書來讀，大大以為不必如此，一定要先去了解是真的有什麼新創見內容，如果不是，除非看在書中立論整理得很有系統，闡述得條理分明，買來讀讀就很好，你說讀了《E.Q》，你就能學會控制情緒了嗎？而如果你想看關於電腦發展的新趨勢也不是該買《數位神經系統》。

K.C Lee 88.7.6

附錄一

讀書與出版

雍正硃批：凡事務實為要

《雍正硃批奏摺選輯》讀後

　　讀過二月河先生氣勢磅礡的鉅著六大冊《雍正皇帝》後，相信妳也會覺得那大清的雍正皇帝算是個勤政愛民的皇帝，但為什麼？我們總想到雍正用了個年羹堯大將軍，讓他耍了個血滴子這種殘冷的武器對付人，然後我們想這應該是暴君所為，所以雍正皇帝也不是個好貨色。

　　這說來，應可能是以前的稗官野史化為戲劇表現，總突顯那張力悍人的一面，卻不去說清楚講明白那歷史緣由真相的一面，戲劇表現之不可靠，所以我們讀書，讀那可以交待清楚又在歷史上有嚴謹考究的書。

　　當然，二月河的書也是屬於類虛構的歷史演義小說，不可足信，所以我們讀有學術價值評斷的書，妳可以讀美國耶魯大學歷史系教授

史景遷的著作《雍正皇朝之大義覺迷》，此書引經據典詳細考究，其可信度夠嚴謹，讀這本書，妳會發現，史教授考證史實來源，引用多的是《雍正朝漢文硃批奏摺彙編》、《宮中檔雍正朝奏摺》，為什麼？保存下來的皇帝硃批奏摺最真實的呈現當下的史實。

　　上述深藏於博物館的典藏書籍，我們可能無緣得見，更別說擁有，但我卻在我們中華民國的政府出版品中發現這本《雍正硃批奏摺

選輯》，當然花錢據為己有，真是便宜，只要台幣230元，我擁有了雍正硃批奏摺的內容。

其實，讀過《雍正皇朝之大義覺迷》一書，妳就會對雍正為了反駁前朝遺民的反動思想，竟然如此大費周章，勞心費力的要去開導當事人，那是一個他隨便可以處極刑處理掉的百姓，雍正算是有個性的皇帝，擺明的就是要多累自己也要求個道理明白，所以他和他的叛亂犯，一來一往，寫下那本《大義覺迷錄》要公諸於世，以正視聽，真是有氣魄的皇帝，因為他下令「通行頒佈天下各府州縣遠鄉僻壤，俾讀書士子及鄉曲小民共知之」。之所以說氣魄，乃是雍正自視其正而不畏，那個獨裁君能如此？

手邊所讀這本《雍正硃批奏摺選輯》，正是政府機關台灣文獻館出版印行之書，台灣文獻館直屬國史館，而上直屬總統府，此為補述。就因為，要確認雍正是否真如此勤政，對照二月河的歷史小說，這本第一手歷史資料的書不可不讀。

此書翻開來，正是雍正的「上諭」，此上諭乃雍正於其登大位十年後，願就其外任大臣硃批奏摺選印成書所題之序言。不過，本書乃原書之輯錄，只取相關台灣「吏事、兵事、糧農、財政、習俗、教育、衛生、治安、先住民、災祥等項」，也就是選輯之「選」所由。

上諭開宗明義即說「朕向在藩邸，未諳政事，不識一人，毫無閱歷見聞。及受皇考聖祖仁皇帝付託之重，臨御寰區，惟日孜孜勤求治理，以為敷政寧人之本。然耳目不廣，見聞未周，何以宣達下情，洞悉庶務！而訓導未切，誥誡未詳，又何以使臣工共知朕心，相率而遵道遵路，以繼治平之政績！是以內外臣工，皆令其具摺奏事，以廣諮詢。」這是一個真正要做事的領導者，才會寫出來的心聲，這其中，最令人佩服是那個「廣」字，就這一個字，他做皇帝豈是擁權享福，倒是貢獻一己為了國家社稷來做事，不過還是該提一下，雖然百姓受福，不過天下被一人據為己有為家天下，倒也有可議之處。

雍正先生為什麼要這麼累，其實也有其緣由，他老頭康熙皇帝做

太久了，早先年輕時的盛世功業，托到他老年時已是國家呈內憂外患的局面，亟需治理整頓，說不定正是雍正才能振衰起敝，再創太平盛世，讓乾隆可以遊江南。再說康熙死時有十六個成人阿哥，就算不是如二月河所言「九王奪嫡」這種身家性命一夕之間的情況，在宮庭大內為奪大權，還有各自一班為想主子得道一併升天的權謀內臣，詭譎訛詐之事必然高來高去，雍正不巧脫穎而出，在此翻局面，不如此累自己搞定局勢，說不定，三兩下就被篡掉了。

「至其中有兩人奏事，而朕之批示迥乎不同者，此則因人而施，量材而教，嚴急者導之以寬和、優柔者濟之以剛毅，過者戒之、不及者引之，並非逞一時之胸臆，信筆直書，前後矛盾，讀者當體朕之苦心也。」上諭中這一段，是我看這本選輯覺得最好玩的兩件事，是同一事有兩人以上奏呈過，文中說兩人是太謙虛了，就這一招，雍正可以相互參考判斷，一來有助擬出事件全貌，二來若有奏者亂來，鐵定自招其誇大、隱瞞等不實之處，碰到主子是要做事的，這下臣就等著倒楣了。二是雍正真的是對不同的回奏下屬，仔細的分析而對當事人硃批曉以大義，這等「因人施教」的功力，非能君豈能做得到，佩服佩服。而雍正還加上那幾句他不是逞一時之胸臆臨時隨便硃批之話，真是更令人佩服，一來做為皇帝有如此誠意不簡單，還能擺低姿態希望人體貼他的用心，更不簡單。

為什麼就「上諭」這篇如同現代出版書的作者序，如此著墨，實在是它寫的太好了，短短不到九百字的文中，把道理重點寫得太清楚了，對這篇序言能了解後，再來讀這本選輯，就能知其可深透之要理所在，因為各篇奏摺實是事件的堆砌，其如今有考究歷史之用，對一般人來說可能只是一堆史料而已。所以，我從解讀這篇序，來讓妳了解這本書的意函所在，還有就是，此序所寫之文字實在太美了，在現代能有機會一讀如此精美文辭的文章，體會我中華民族中文之優美，實在是我們的福氣。

再看此序，「此等奏摺，皆本人封達朕前，朕親自覽閱，親筆

批發；一字一句，皆出朕之心思，無一件假手於人，亦無一人贊襄
於側。」此段就猶如老闆主管告訴妳，他工作多用心努力，下面工作
的還如敢混，那就是該小心了。其後，雍正接著寫「雍正六年以前，
晝則延接廷臣引見官弁，傍晚觀覽本章，燈下批閱奏摺，每至二鼓、
三鼓，不覺稍倦；實六載如一日」，這一段，讓妳都知道他多累了，
這樣工作六年，其實皇帝這職缺也蠻累人的，不是一般人做得起的，
不這樣做的，很多就是我們在歷史上讀到的「後主」，等著被滅朝抄
家。之後，他就告訴妳，「天下庶政漸次就理，下情稍覺洞達，臣工
之奏摺較前減少，而朕躬精力亦不如前，批答之事始從簡便。」真是
很誠實的皇帝，其實看了這本選輯，妳也會發現，雍正六年之前硃批
之嚴謹犀利，一堆臣子定是工作壓力很大，然後，誠如雍正所言，業
務上軌道了，他也老了力不從心，就管得輕鬆些了。

　　讀到這，讀者可能會覺得我用意不少在雍正的治理之道，也沒
錯，帝王術這高深的一種管理方式，值得了解。而其實，就算現在的
企業領導管理方面，撇開帝君一人天下獨裁之不合時宜部分，因應不
同情況用不同方式的管理，我們在雍正身上是有可學習之處。

　　當然，本書是取相關台灣之事的奏摺而輯成，在史料上可察出
雍正其人之意外，這些史料也是想了解台灣在大清雍正皇帝時代的情
況，很有意思的第一手資料，雍正元年為西元一七二三年，也就是本
書記載近三百年前台灣的情況。從內容來看，主在兩件大事，一是台
灣孤島的農作收成可以自給自足嗎？或能豐收後，運送米糧賑濟大陸
其它地區。二是剛要開墾台灣島時，如何處理和生番的相處，就是移
民開墾台灣，和本島原住民如何好好互動。前者，妳可以發現，雍正
在硃批中，真的是用心關切台灣農作和住民的飽食民生問題，至於後
者，可以看到雍正對台灣原住民，還知道不要去侵犯，用劃清界限各
有一片天的方式來治理，希望相安無事，算是有不錯的觀念了，在近
三百年前。當然，移民開墾和原住民所要保有的生活地域，一定會有
所衝突，在以前有衝突，就是殺來殺去，這是本書內容一大主題。

最後，引用雍正硃批〈浙閩總督高其倬奏聞辦理鹽務情節摺〉一文：「觀汝辦理諸務，必先將兩邊情理論一精詳，週圍弊竇講一透徹。方欲興此一利，而又慮彼一害；甫欲除彼一害，而又不忍捨此一利。輾轉游移，毫無定見，若是則天下無可辦之事矣！夫人之處世，如行路然，斷不能自始至終盡遇坦途、順境，既無風雨困頓，又無山川險阻。所以古人多詠行路難，蓋大有寓意存焉。凡舉一事，他人之擾亂、阻撓已不可當，何堪自復猶豫疑難，百端交集，如蠶吐絲以縛其身耶？世間事要當審擇一是處力行之，其餘利害、是非，概弗左盼右顧，一切擾亂、阻撓不為纖毫所動，操此堅忍不拔之志以往，庶幾有成。及事成後，害者利矣，非者是矣，無知阻撓之輩不屏自息矣。今汝則不然，一味優柔寡斷，依違莫決。朕甚憂汝不克勝任，有關國家用人之得失也，奈何！奈何！」

這本選輯，其實真的是一本很有意思的政府出版品，有空讀讀定能有不同於生活中的感受，不才再引用卜諭中最後之言「或人之觀此而感動奮發，各自砥礪，共為忠良，上下蒙福，朕心愉快更當何如！特諭。」哈哈，當做我寫此文的用意，和各位讀者妳分享。

人生如此且值得

我讀《材料也神奇》

　　因緣際會，用心讀了這本秀威出版的《材料也神奇─科技學者許樹恩的一生傳奇》，這是一本科技學者的自傳回憶錄，我最真的第一句讀後感就是「人生如此且值得！」想若如此，那該一生了無憾了，在對得起自己生命的價值上。年紀漸增漸好讀相關「史書」，畢竟，知往鑑來總是一個好方式，雖然人生度不到四十寒署，但對人生的意義已思索大半生。從小熟背的一句話：「生活的目的，在增進人類全體之生活；生命的意義，在創造宇宙繼起之生命。」真的是句真言，讀許先生的書，我想他做到了。

　　中國領土，大陸和小島，在上世紀，前大半是一連串的政權動亂，真是誤我中華有為兒女。我想若不是歷史弄人，或如作者許先生如此資質和用心努力，應該不致於如此大器晚成，想那同代人，在不經本土戰亂的美國，它們的科學家可以在安穩的環境中求知、教學和研究，當許先生在避戰亂且為求生存而到處逃難找食物時，同年生的詹姆斯‧華生（James D. Watson）可好好找贊助研究DNA和追女孩子。同樣1928年生的還有納許（John Forbes Nash Jr.），我們都因《美麗境界》知道他最後因「賽局理論」得到諾貝爾經濟學獎，我想安穩的生活環境，也是很重要的因素，相對於戰亂。

　　許先生一路求生亦求學的早年歲月，在對日抗戰後，為生存加入了海軍機械學校，時局匹變下，隨校來台。他由投身軍旅而意外地與材料科學結緣，雖說也似機緣，但實是他早先一路不忘也不斷的努力進修才能掌握機會。在海軍機校畢業後的十年軍職生涯中，許先生安份做個接受任務分派的棋子，但可見的，在與船艦機械為伴、與水雷共舞的日子裡，他始終砥礪著自己上進發展，在感到「前途茫茫」

時，又處於薪資微薄難以好好照顧由妻子照應著的四歲幼兒和初生小女一家的窘境，當下，他去投考軍中他後來戲稱為「惡補班」的「國內研究所進修補習班」，考取後，36歲的海軍少校啃讀大學物理成為左營街上一景。喜歡許先生在書中所說，在福禍未知下，「但一經決定，一條道路走到黑是我的秉性。」在這裡，我看到一個有為的人，他知道要脫困，要努力找出路，要奮鬥出一條路來，才能好好照顧妻兒，這也是回報辛苦持家的妻子的最有責任心的男人的表現。奮鬥過程當然是艱辛的，但與其甘於貧困安逸混日，晚年徒留輕嘆，不如放手一博，拼出來，就是好樣的。我想他成功了，所以有這本書的誕生，所以在書中可以看到他三位兒女都是台大人。說到機緣，在他讀「惡補班」後，國防部舉辦了第一屆國防科技中山獎學金，讓他有此機會考取公費留學，去美國西北大學讀材料科學碩士，也才以後更有機會去史丹福大學讀材料科學博士，這真是個轉變人一生命運的機緣，人生是如此，但如果一個人沒努力付出，可能有的機緣，你也不一定能掌握。

就上述的機緣，開啟了「科技學者許樹恩」與材料科學相伴的「一生傳奇」。在起文時曾讚嘆許先生做到了「人生如此且值得」，但我想有過人成就是真的值得，而如果一生所為是一件有意義的事，那也是值得的，讀完這本傳記，思索人生意義，對許太太一生相夫教子的作為，是為感佩，當讀到第七章第147頁許先生寫到他在史丹福博士口試未過的重大挫折和氣餒時，許太太去信給了最大的鼓勵和安慰，這一句：「你已盡了最大的努力，勿以失敗的挫折而氣餒，能留下來念就留下來，如果實在無望則回家，三個可愛的寶寶和我都在等待你。」看到許太太的聰慧賢能，許先生或靠她這一句才拼出了博士回台和三個可愛的寶寶一起團圓，相信許太太老年了應該對自己一手扶持的家，感到很欣慰，那是一種成就，從書後所述知曉許太太中風治療中，希望她能儘早康復，可以老夫老妻再相伴出遊。

從封底文案，可以看出許先生應是相當自豪，當他學有所成後，

如何自己一個人當做三個人用，同時努力於「一方面努力於國防材料科技研究，一方面從事材料科學教育，另一方面發揮於國家重點科技建設，把材料科學的理念和理想發揮到極致。」上述許先生後半人生的材料科學學者生涯，實來自於他對自我人生的鞭策，在第七章他寫到：「我終於在1972年拿到博士學位了，而且是史丹福大學的哲學博士，終於可以在一生坎坷的求知路上劃下休止符，內心喜悅自是難以言喻，但很快就冷靜下來，隨之自己問自己：『拿到博士究竟有什麼好處？拿到博士學位與你原來碩士學位究竟有何不同？拿到史丹福大學博士究竟有什麼特別？老先生！你已經四十四歲了，人生已過了大半，不要自我陶醉了，想想未來吧！』」。許先生就這麼老而彌堅，以「老先生」身份開啟一段老來俏的學者輝煌歲月，在寫到第八章〈中山科學院造飛彈〉的起文時，他有一番重大省思：「返國前，我曾為自己的未來做過一番思考。論年歲，我當時已四十四歲了，已應該是有事業基礎的中年人；論家庭，我已經是三個孩子的父親，妻子經過先後六年隻身照顧子女的責任，確也該有個卸肩的時刻；論責任，對這負有使命感的首屆國防科技獎學金留學生，該如何作個示範性的回饋呢？經過反覆的考量，加上從材料學理中學得一些哲理，所謂『變率程序』（Rate process）：一件事可以採『序列法』完成，也可採『平行法』完成。以及所謂『協致工程』（Concurrent Engineering），指一個人可以同時進行多項工作。因而我決定於返台後，將所學同時貢獻在三方面：國防科技、教育接班人，及發展國內材料科技。」。

接下來，我們就看到他回任中山科學院，一路貢獻所學投身於研發相關國防所需之新材科，並不斷提攜可為之後進一同努力精進材料研發的績效。而他從得博士後返國的次年也已開始在台大任教，作育英才及推廣台灣的材料科學教育，一教26年，直至71高齡才辭去台大材研所兼任教授，在此前一年他已獲澳洲國家材料暨工程學院外籍院士，真是為我國材料科學界揚名海外。我想許先生那一番從材料學理

中學得的「協致工程」哲理，應該已經讓他發揮得淋漓盡致，真是令人佩服。他在材料科學做了什麼？從書中可知他先參與了研發「3D—G/G（三維石墨纖維加強石墨）」的飛彈的噴嘴材料，和中科院發展多種飛彈最難也是最關鍵的科技「絕熱材料」。之後，從他載述中說明創新材料科技的艱辛實例，他參與了有研發出雷達鼻錐天線罩材料、成功自製飛彈需要的熱電池、研發出紅外線追蹤的光電材料、開發出一流的介金屬真空熔煉技術等冶金新技術、生產飛彈彈上無刷馬達（Brushless motors）之強磁電樞、發明只要一小時即可生產一公斤量的單相超導體高溫超導材料、開發出用於航空材料中的炭纖複合材料製造控制翼和飛機防漏油箱。

他更以專業本事，以其早先研發3D-C/C石墨噴嘴和雄風飛彈有種老朋友的關係下，在雄風飛彈早先在一堆海軍總司令及國防部高級將領面前領試射落海後，他找出原因所在並因此杜絕早先失誤問題，書中引述《IDF之父—黃孝宗的人生與時代》一書中記載：「當時雄風一型艦對艦飛彈正式試射時，時好時壞，有一回甚至當著海軍總司令與眾多高級長官的面，偏偏一下子就落了海，非常尷尬。雄風系統失效的或然率較高，經過多次檢驗及測試，失效分析發現問題出自飛彈噴嘴迴流的廢氣，極易燒壞敏感的電子導航系統，找出原因後，即用材料的觀念將問題徹底地解決了。」許先生在早年國內科技研發環境艱困下，以他一貫努力以赴的精神，用他自許的「愚公移山」的精神，從事材料科技研發，他主持的「材料研發中心」，無論在體制上或在任務上，都是前所未有的創舉，並對當初攸關國防科技的各主計畫有所貢獻，參與包括「地對空」飛彈的TK計畫、「空對空」飛彈的TC計畫、「海對海」飛彈的雄風計畫、IDF戰機生產的AS計畫。

在許先生發揮材料專業、貢獻國防科技時，一度調任中央印製廠任總經理，真是傳奇，這一經歷就在他參與製造雄風飛彈中間的歲月，可能誠如他書中所透露的，管理印鈔票這等大事的重責需要紀律，有軍職背景又做事聰穎嚴謹的人才合適，雖然看來突兀，不過他

是被徵調的，應該是被看重所致，閱讀此書第九章〈異類的經歷—印
鈔票〉，看來他真做好一個專業經理人五年，因為他會考量到努力發
展業務營運還同時照顧到全體員工的福利，真是好樣的。當然，他的
材料科技專業還是在此任內做出廠內成功自製凹版油墨及凡立水，而
隨即停止或減量進口油墨，對國家自立印製鈔券貢獻甚大。他也在任
內主導出了技援沙烏地阿拉伯的「中沙印製技術合作」，轉眼20多年
了，仍在繼續實施中，也是一項成就。

　　退休後，寫回憶，能寫出一生所為對自我肯定，我想是榮譽的，
在第十二章〈一九八八年前後的中山科學院〉中〈材料研發中心揚名
中外〉一節，可看出許先生對所主持的材發中心受有國際上的肯定，
感到很欣慰。而在1993年，他創設材料研發中心滿十週年的日子，
籌辦了材料科技成果展，算是對全體參與人員的十年心血，作了最好
的回顧與肯定。再來寫到他的學術耕耘與收穫就真的是自我肯定了，
1991年他獲台灣首屆「侯金堆科技成就獎」，在他服務公職退休的前
半年，1994年獲頒「中山先生學術論文創作獎」，當然還有之後，受
聘為澳洲新南威爾斯大學榮譽客座教授、香港科技大學訪問教授，和
在1998年膺選為澳洲國家科技暨工程學院外籍院士。

　　民國17年生的許先生一生走來，其實和中華民國現代發展史有
其非常關聯性，如封底文案所說，他要告訴您「海軍機械學校的崛起
與消失、國防科技中山獎學金創設的緣起與意義、中山科學研究院的
籌設與發展史，及親身參與我國發展飛彈、核能和航太工業的辛酸見
證，還有他主持發展飛彈和主持印鈔票的奇異經歷。」上述口述歷史
中，在書中一點一滴的寫來，其實作者以詼諧的寫法寫出不少有趣的
歷史人事物，這是你要去閱讀才能享受得到的享受。若就一般所謂的
歷史重要性，那本書第十二章〈一九八八年前後的中山科學院〉是最
有意思的，那時強勢參謀總長郝柏村連續八年兼任中山科學院院長，
而在1988年發生了兩件影響歷史的大事：第一件是蔣經國總統逝世，
而由副總統李登輝接任總統；第二件事則是中科院核研所副所長張憲

義的叛逃。上述兩件事都直接影響了中山科學院的運作和發展，在歷史的洪流中，許先生恰好親身感受了這段歷史的衝擊，他將當時的主觀感受記述下來，非常值得一讀。

此書好玩的是，許先生以論文寫作完成最後一章，並以科學的立場來闡述「材料也神奇」，真是和書名相輝映，也應該說是許先生在寫完回憶一生後，對自己一生最努力的材料專業做嚴謹的結尾。雖然，科學專業的述說，我們一般人難以讀懂，如所提到的物理公式，不過我們也還能讀出，他在最後一章看來還寫出了創見，在進入奈米科技的技術時代後，他提出了對腦內「意識波」的作用科學探討，這真要有專業才能研讀出所以然了。

讀完此書，以自己多年來好讀各類書的經驗，這是一本融合歷史、科學、人文傳記書系及口述歷史價值的好書，非常值得一讀。最後，以本書封底上所說：「更告訴您，如何讓您自己和子女在求知和就學的路途上，可以了無遺憾，如何完全以本土的資源，在學術研究上進軍國際。」來做此文結尾，我喜歡上述這一句，非常有求知和上進的精神感召，這個精神也是我為什麼想讀這本書的緣由。

註：關於作者許樹恩，1928年生，河北玉田人。海軍上校退役。海軍機械學校42年班造械系畢業、美國西北大學材料科學碩士、美國史丹福大學材料科學博士。

曾任曾參與中山科學院籌備，歷任中山科學院副研究員、研究員、組長，並創設材料研究發展中心任中心主任。其間一度調任國營事業中央印製廠總經理。退休後任慶豐集團科技顧問兼旭陽科技公司總經理。

曾任國立台灣大學專任副教授、教授暨兼任教授凡26年，暨澳洲新南威爾斯大學榮譽客座教授、香港科技大學客座教授。1998年，膺選澳大利亞國家科技暨工程學院外籍院士。編著有《X光繞射原理與材料結構分析》（與吳伯泰合著）等科技參考書貢獻專章四本及國際學術論文約一百五十篇，並有科學發明專利十二項。

讀書心得報告

我看《張忠謀自傳（上冊）1931～1964》

報告人：李坤城

日　　期：87年5月19日

前　　言：

> 閱讀是享受，閱讀也是學習。
>
> 如果能把兩者結合起來，
>
> 那就找到了「終身學習」的祕訣。
>
> ～～ 張忠謀 ～～

補充前言：

> 閱讀可以增長智慧、增廣見聞，
>
> 閱讀可以閱歷生活、體驗人生，
>
> 閱讀可以調劑身心、充實自身，
>
> 閱讀不受時空限制，經濟實惠，
>
> 閱讀不受他人牽制，獨處自娛，
>
> 所以，閱讀是最好的休閒、娛樂、興趣，
>
> 所以，閱讀更是最好的習慣！

極私心前言補充：

> 讀書是為了探求——
>
> 人生目的、生命價值、生活意義，
>
> 是一個人一生最重大的課題，
>
> 所以，要立志做一個讀書人！

淺談傳記閱讀：

1. 傳記種類有自傳、他傳、口述他傳。

2. 惡劣現況：*一群忙著出名的人，將泡沫書帶入我們的傳記書市場，表面上造就了書市的繁盛，其實是拉低了傳記書的質。

3. 傳記寫作癌症：*對傳主多半是極盡美化之能事，執筆者往往把對傳主的尊重轉達在落筆時的「隱惡揚善」上。

4. 傳記內容病態：人物欠缺真實個性，內容偏頗不見人物的負面言行和生活事實，通篇積極正面的描述，如單一化的樣板文宣，或是自美塑造形象的廣告。

5. 閱讀因應之道：以省思、比評、批判的思考閱讀，不盡信一家片面之言，抱持存疑而探求事實的態度。

※標記*為引述自作家袁瓊瓊的話。

書自身：

1. 緣起：〈找看英代爾〉的序文

2. 動機：

        a. 怕拖延成「再也不能寫那些故事」

        b. 不喜歡口述，認為「欠缺了一份傳主的感情」

3. 賣點：

        a. 台灣半導體之父的自傳

        b. 傳主的正面形象和評價的肯定

        c. 文筆好、富涵人文情懷

        d. 內容跨越民初動盪的大歷史年月，有故事性

4. 搭配《遠見》87.3月號的張忠謀專訪一起看，充實吸收！

張忠謀的人生階段：

1. 動盪的童年：顛沛變動的大時代（時代背景）p4；p13

   「我們生長在大時代裡」p13

2. 留學美國：

   a. 「我的舊世界隨大陸易色而破滅，新世界正待建立。」p40

   b. 「哈佛一年是我一生最興奮、最有意義、最難忘的一年。」p38

   c. 豐盛的智慧與心靈生活；人文和文學的教育p42；p56

   d. 「正如文豪海明威形容巴黎為『可帶走的盛宴』，我也如此形容哈佛一年。」p63

   e. 謀生打算，轉入麻省理工，立志在工程上用功 p64

   f. 哈佛人文通識+理工V.S麻省理工專功 p67

   g. 美國教育「深入淺出注重思考與發問」的教學 p68

   h. 長者的話：「學術界有兩種工作。一類是需要思想的，另一類是枯燥、單調、重複性的。你既沒有資格做第一類，就只能做第二類。」

   自我省思：「社會是冷酷的，自己要爭氣」p70

   i. 博士落榜為「有生以來最大的打擊」→ 昂首走自己的路→「多年以後，我把在麻省理工博士落第視為我一生最大的幸運。」p74

3. 出社會工作：

   a. 「福特汽車」薪水講價弄巧成拙，進入「希凡尼亞半導體」p83

   「人生的轉捩點，有時竟是這麼不可預期」p86

   b. 了解半導體、良率 p88

   c. 工作態度：學東西要徹底了解、狂熱學習 p91；p99

   d. 德儀的啟示：以小博大是可能的 p97

 e. 被裁的努力員工:「看來熱誠和努力還是不夠的」

  ----「青年的天真在一天內消失」 p103

 f.「但是這次他太晚了,我已決定了」;德儀工作 p104

 g. 德儀的成功不是偶然:

- 年輕有活力的公司
- 員工上下都是內行人
- 團隊精神令人感動 p110
- 「零而穩定」,困難中仍富有幽默感 p117
- 了解半導體業,快捷 → 英代爾 p126
- 「研發與業務」生命共同體 p130
- 「無法拒絕的機會」,公司栽培讀史丹福大學電機博士 p132
- 「就業經驗使我多一分堅強、多一分智慧」 p145

4. 半導體專家

5. 台灣半導體之父

探討張忠謀(成功的因素):

1. 世家子弟的家庭背景:

 父親留學美國哥倫比亞大學,任財政局長、銀行經理 p14

 母親買了一套商務印書館「兒童文庫」 p16

2. 經濟優渥的生活條件:

 亂世中的無憂年少,在「上海霞飛路樹蔭森森的路邊咖啡館喝咖啡」,還可以「請老外補英文、學小提琴、打網球、看電影、打橋牌」 p32

3. 父親的刻意栽培:

 列席成人宴談 p33

 三叔張忠侯在波士頓東北大學任教授 p37

4. 個人的天資和努力：

用功讀書，用心課業。「從小就養成的閱讀習慣，一生都保持著」p16

5. 時代性的機緣與背景：

因緣踏入半導體業，四十年後發揚光大。

有意思的歷史敘述：

1. 淪陷前的香港、淺水灣 p16
2. 東方的巴黎—上海 p29
3. 徐訏的小說—應該更受重視的現代作者 p31
4. 滬江中學 p34
5. 美國神話—只要努力，就能出頭；杜威／杜魯門的競選；1949 美國法律嚴謹 p43
6. 歐洲移民乘船到紐約／自由女神像 p47
7. 觀賞「推銷員之死」p61
8. 矽谷之名 p143

有意義的歷史敘述：

1. 日本偷襲珍珠港、攻擊香港二次大戰 p17
2. 戰時陪都重慶、南開中學；南開校訓：「允公允能，日新月異」p27
3. 抗戰勝利／杜甫的詩 p28
4. 國共內戰：徐蚌會戰的局勢 p35

大時代的經歷：

1. 「黃埔江，我還能在這裏住多久？」

   —這樣的豪情，以前、以後都不曾再有 p34

   （520事件、老國代退職、六四天安門…；解嚴…）

168

2. 只有十七歲的我,竟已油然起飽歷滄桑之感 p36

3. 我的舊世界隨大陸易色而破滅,新世界正待建立 p40

關於附錄:

1. 「文藝少作」可見其文學素養及文藝創作的熱好

2. 台灣半導體的機會;發展臺灣科技業是兩篇專業又誠懇的建言

對生命的回溯

讀《天河撩亂》

　　不再有輕易讀小說的閒情的我，讀這本《天河撩亂》卻悸動的讀不放手，被書中那讀來令人不時要深呼吸一下才能續讀的滄桑過往深深吸引，不知是那份沉重的濃厚情感，貼近抑鬱心情所至，還是已參雜了原本就對曾為時報出版總編輯的作者吳繼文先生的敬慕，細想後，原來這正是一本自己向來非常喜愛的那一類作品：有一種剖析自我的真情，流露出的濃厚情感，總是深深的感動我！

　　讀完這本書，用一句話來述說它，這是一本對生命最深沉的回溯，道盡人世過往的聚散哀歡，難以負荷的沉重情感卻最是生命中最令人感動的。

　　這本小說的歷史時間，藉著主角時澄的回溯，正好貫連出在政治恐怖時代遭受到迫害的一個家族的悲情史，而從身為同性戀的時澄所道出的過往不堪歲月，更是回溯出一個同性戀者成長的悲愴史。在可比擬相似的題材，對這本書的喜愛似超過了之前的《荒人手記》，不知道是不是閱讀時間的記憶落差所至，此刻做了如是想，《荒人手記》寫得很美很好，寫出的蒼涼是華麗的，會覺得多了份琢磨少了份真實，這本《天河撩亂》寫出的往事蒼桑，是很樸直的述說，卻讓人覺得有真實情感的感動在裡面，若如封面上所言這是一本「半自傳體」的小說，那也許有了些解釋，也許想像與真實的情感還是會有差異的。

　　看這本書有一種舒解抑鬱情緒的平和作用，也許是一種情緒淨化作用吧，猶如看悲劇所能引發的心靈作用一般。就想到藉由閱讀可以對混亂不安的內心有一種救贖平撫的作用，正如主角時澄意外接收了臨終學者的一份〈漂泊的湖探勘報告〉手抄筆記本，讓剛從自裁獲

救後的他，讀畢當下決定給自己「全新的十年」來生活，然後發奮讀書。這〈漂泊的湖報告〉吳總編將其引為小說開頭，並在小說篇章中以穿插章節的方式呈現出來，使小說讀來多了一份無際的漂泊感，是要映襯出主角的心境吧！而穿插這一份報告，正好讓在閱讀本文被沉重悲情壓迫到的情緒，得以喘息，而情感也得以沉澱。

寫到主角時澄的自裁，也覺得吳總編平平寫來，卻給我比印象中邱妙津對《蒙馬特遺書》裡主角的自裁的描述有更沉痛的震撼，在想是邱妙津不斷直接述說出痛苦的情狀，那自裁已有其必然性，不會有震撼了，也是在不斷的痛苦描述中，痛苦反而沒有沉積至重的可能，還是又是閱讀時間的記憶落莫所至。也在想邱妙津的書裡只耽溺於兩人世界的情欲苦痛中，不若這本《天河撩亂》寫出了幾乎一生的悲苦，也是邱妙津太年輕了，年輕到來不及對生命做整體的凝視，如果她不死，也許在多年後也會給我們一本她回溯生命的沉重過往吧！但，生命不能重來。

小說的結尾是主角從昔日愛人手上得到一本《中陰聞教得大解脫經》，在親人喪禮上徹夜唸讀經文後，時澄把生的浮亂開始轉修為內心的安詳，讀到這裡，在同時經歷了主角時澄的滄桑過往後，彷彿也跟著得到了心靈上的解脫，同時感受到安詳。

閣上書本，除了悲愴的感動，開始思考小說中最後的一句話：凡彼世界，即此世界。每一個他者都是我……

還有該找到那本《中陰聞教得大解脫經》來修習。

　　*這本小說裡有太多豐富內涵的情節，難以盡述，也不應盡述，希望你能自己去讀出來。

　　主角的愛人講述參與六0年代末日本「全共鬥」學運的省思，真是令人深沉思考，可以以此想想我們曾經一度擦出短暫火花的大學生學運，還是大陸那結果悲慟的六四天安門學運。

　　**在《七0年代懺情錄》(時報出版)收有一篇吳總編的〈記憶、邊緣、迷錄〉，對他參與到全共鬥學運有較真實深入的述說。

　　***時報出版有出過一套講日本1968、1969年間大學學運狂潮的《革命情迷》，也找出了時報曾經發行的High雜誌1995年3月號，裡面有一篇〈日本六0年代小辭典〉可以當資料參考（就在連載的《革命情迷》中）。想到High雜誌，對這本富有理念、理想、倡導給大人看的好漫畫的雜誌，經不起市場考驗，終難逃被結束的命運，深感到哀悼與嘆息！

　　****這本小說讀來就像在讀歷史，讀一個人的生命史，突然想到，所以喜讀歷史，一種是年輕時就已引發對探究過去的興趣，一種是年紀漸增對被追溯過往的興趣所引發的吧！

讀《辯證法的黃昏》

　　書海浩瀚，時間有限，讀什麼書，有人引導，可以說是一種福份，但要找到一個可以信賴，熱心道出一本書好那裡，為何值得一讀，是一種運氣。算是因緣，讀了董橋先生的《辯證法的黃昏》，這本書放在書架上已有些年了，留住這本書原是對出版社(當代)有興趣，對書名有興趣，對作者卻是全然不識。書出版於民國七十七年，裡面的文章多成於1980、1981年間，作者又生活在香港，自己來不及在成書年代得知相關訊息，留下閱讀此書的興趣想法，這麼一本舊書，也一直沒能在後來還有機會看到別人的引介，近日因緣知曉有人極為推薦董先生的散文、學識，又有幸讀到董先生介紹書籍的精彩文章，終於算是得知董先生，他的著作該先拿來拜讀，於是這 本《辯證法的黃昏》帶給我這兩天極舒服的閱讀樂趣。

　　正如書底封面上所言「董橋的散文充滿了哲思」，書中文章一篇篇寫來，正是對生活、歷史、文學哲學的心情思索，這類散文正是自己所喜愛的，有思索，讓自己得以在閱讀中吸取到前人的智慧，而董先生以豐富學識，切入精要的問題，讓思索有深度，說哲思最是貼切。自己所喜愛，也因書中所思索之人物情事是廣泛人文的範疇，正也是自己興趣所在。從文章看來，不少是讀書的心得感思，而從題材切入發揮所思，也多引書為例，整本書看來，於是可說是一本「閱讀札記」，喜愛讀書的人都會喜歡這本書吧！就像是想讀《愛書人的喜悅》這本新書，是衝著一股對讀書的喜愛感覺吧！但不若《愛書人的喜悅》是美國人寫的，太豐富的英美文學和我們比較有距離，雖然它讓我們知曉很多不熟悉的英美文學的作家和著書，董先生這本《辯證法的黃昏》，寫出來的情思比較貼近同為中國人的情感，所關注的

內容，也較是為我們所關注的所興趣的。

書名《辯證法的黃昏》，得自書中同名文章，包括這一篇，書裡起頭五篇文章全是講說馬克思其人及其學說，很生活化的，馬克思的著作不曾唁讀，關於馬克思的生平傳記也未讀過（讀完此書會把《馬克思背後的女人》拿出來讀），讀過一些別人對馬克思學說片斷的引述，一直有著的是對馬克思迷迷糊糊的認識，讀了董先生的講說，對馬克思這個人有比較實在的了解，不像以前總在高來高去的學術中難

以清楚，覺得了解馬克思其人，再去讀他的大作，會是比較理想的，尤其董先生指出馬克思「寫文章引用別人的作品往往懶得再去翻查原書，但求套入自己的行文裏可以天衣無縫」，所以他可以斷章取義拿別人的文章斷落來主觀佐證自己的論點，縱使明知對方的見解其實和自己相反，他也可以拼命引用。有這個認知，若有機會讀馬克思的大作，那可能要小心不要讓他誤導了對其他人及他們作品的看法。

書中一篇寫於1980年5月11日介紹羅蘭巴特的著作和思想的《神話的樂趣》，是對文中開頭所提「法國作家羅蘭巴特1980年3月16日在巴黎去世」，對作家去世的悼念應時文章，文中述說了巴特的成長生活和所學，由此得來，「在讀者看來，反對『世俗之見』的觀念，也許可以說是巴特全套著作裡的一個基本概念」，覺得此語正道出何以巴特一生著作題材龐雜，而又多是「顛覆前言」的立論。巴特用「對付」的態度去對付現實社會裡有太多的世俗之見的「意識形態」，所以董先生也提到一本《神話集》內容海闊天空，卻每一篇都把它扯到社會問題（這本中譯本也該拿出來看了）。台灣後來熱鬧翻譯引進了

巴特的著作，拜讀之餘，董先生這篇舊作仍是解說精闢，值得好好讀來了解巴特思想的文章。

這本書真是題材豐富，還有一篇〈藏書和意識形態〉，有藏書好的人自是不可錯過，而文章還講到「出版事業的確是意識形態的活動」，馬克思提出書籍是有其階級性質的，點出書籍是一種特殊的商品，講到「出版事業產品的價值特殊，所以，出版事業應該是屬於「非物質」的生產部門。這些對出版業的看法，對於「出版物的意識形態功能」，真是令人值得深思。讀一本內容豐富的好書，要引述它的內容講它的好，實在難以盡述，這本書還有一篇〈藏書票史話〉、一篇講遊記的〈旅行叢話〉、一篇講藏書讀書寫作的〈槍、開槍、槍聲〉、一篇〈「語絲」的語絲〉寫著作行《大學之理念》、《海德堡語絲》的金耀基先生……最後一小篇的〈咖啡或茶〉則早已精簡寫到了歐洲咖啡的歷史。

這本書真的是內容很好，很應該讀，在今日讀來還多了點思舊的情懷感受。

真情推薦蘇曉康的《離魂歷劫自序》

　　經歷了一場攸關生死的重大車禍，面對癱瘓到幾成植物人的妻子，自己也驚嚇得差點崩潰了精神，這位曾經以《河殤》響譽華人世界，更是六四天安門事件的意見領袖文人之一的蘇曉康，在友人的協助下，將他歷劫後的四年生活整理寫成這本《離魂歷劫自序》。

　　這是一本最坦白真心的至情懺悔錄，原本應是人之將死時，才會把最真情最私密的自我部份拿出來陳述反省的內容，因為一場突來的大劫難，提前給了蘇曉康這個省思懺悔的機會。

　　頓時改變原本的一切的蘇曉康，在想盡辦法勞心勞力幫助妻子復建身心功能的同時，使用了各種書寫模式，來抒發精神上沉重的抑鬱艱辛，這同時，他開始對自己一生的過往思想與行事，做了最深沉最徹底的反省，幾近為一種對自己最嚴厲的批判，卸下外在世界所施加的種種形式包裝的生活，從心而發的真正去面對自己，面對妻兒，面對夫妻相處的生活，面對一切過往的人生，反省懺悔過去總總和現實名利的糾葛混纏，卻忘了如何真正的和妻兒過好生活。

　　蘇曉康用心思索回歸真實自我，寫下還原為最真實的個人，那最真情的生活的意義和生命的價值。有多少人能把握這種一生中歸零徹悟的機會，而又能深刻反省出對自己生活最真切的負責和面對，然後開啟更好的新人生，這是大難之後最難能可貴的，蘇曉康真正做到了，真是令人由衷的敬佩。

　　如果有任何人可能正遭逢任何生活上的挫敗和困阨，有親人至愛受到了意外的身心重創，更該把此書用心的讀一讀，讓蘇曉康的心路歷程，給自己精神上更堅強的依附。

養生休閒的自然饗宴

《台北市常見的野菜》讀後

　　您有多想望徜徉在山林間，享受大自然的怡人景色，沉浸於那悠閒的天地靈動氣氛中，在您一周的忙碌上班之後。在台北這都市叢林裡，在一堆鋼筋大樓水泥群裡，我們都和各行業的上班族一起忙亂著，好在，台北是個群山環繞的盆地，到了周末，我們，可以就近去擁抱山林。

　　喝杯山中咖啡，是很棒的悠閒，而即然到了山林裡，不順便吃頓山上店家自重或向鄰近農人買來的新鮮蔬菜入餐，是說不過去的，而進一步吃新鮮且新奇的野菜，更是最新進流行的養生休閒的自然饗宴。

　　野菜，就是「自生於山野地區的可食性植物，也就是沒有經過人工栽培的作物。」這是本書《台北市常見的野菜》作者簡錦玲在本書一開始就跟我們讀者的釋義，夠清楚明白。她說到「台灣本島可以食用的野生蔬果多達上千種」，真是令人訝異，我們總有太多機會往山林裡去，但，多少人可以去發現身邊的野生蔬過是可食的，尤其對生在台北的我來說，而這本書擇要摘錄台北市區內常見又美味的二十種野菜來介紹，的確真是蠻切合實用，對想要入門了解野菜的人來說，剛剛好是一本入門書。

　　曾經從外雙溪上陽明山，看著起伏的山巒，跟老闆點了幾道野菜，那當然是平常沒見過的菜樣，老闆當下好心的解說，早在吃完後，什麼都不記得了，只記得有道菜似金針卻又更細更柔軟，有道菜看似像路邊小小雜葉，吃起來還頗可口。像我們這種都會人，就只能也只會吃了，只有花錢讓專業人士來服務。好玩的是，我們大人來吃這種不常吃的野菜，乍看乍吃時，都覺得怪怪的，可我那兩個稚齡的

小孩兒可從一開始就吃得津津有味，因為他們可能不知何謂野也，都是可食之菜嘛！

關於本書的介紹，可以看書前我們小馬哥的序，他寫到：「新聞處邀請相當專業的簡錦玲老師，陸續在《台北畫刊》發表〈台北市常見的野菜〉，這個單元受到廣大讀者的熱烈回響，不斷反映是否有出書的計畫？本書便是將已刊載的文章中，擇定二十種台北市市內、郊區、山間最常見的食用植物，除了詳加介紹每一種植物的別稱、可食部位、採集時間、其他用途外，為了增加閱讀的趣味性，還輔以二至三種食譜，讀者可以親手做出深具特色的料理。」真是非常清楚明瞭的道盡此書出版的來由了，因為我也解說不出更好的文字。

簡老師也特別提醒讀者，野菜也不可以亂吃，其實是希望我們別了解了野菜後，沒事有空還真跑到山中亂摘，她說的吃野菜三原則，整理如下：1. 珍貴稀有植物，絕對禁止採集；2. 特定保護區中絕不可擅闖採集；3. 要能辨別有毒植物，切勿亂摘勿食。基本上，所謂野菜，其食用部位，可以是花朵、葉片、嫩莖、塊根、鱗片、果實等等，這樣一說，真是太專業了，所以，其實，只看這本入門書，也是盡量讓自己了解而已，還真不敢真的自己大膽摘食，最怕誤犯原則三，不小心中毒了，可很麻煩。

本書所介紹的野菜二十種，為三角仙人掌、山芥菜、車前草、兔仔菜、刺莧、昭和草、馬齒莧、假人蔘、細葉碎米薺、蝴

到山區吃野菜看山林農家景緻

蝶薑、象草、黃鵪菜、矮冷水麻、落葵、鼠麴舅、構樹、鴨跖草、龍葵、戟菜、鵝兒腸等，這是二十個很專業的疏菜名詞，希望你能懂，要不就來看看這本書吧！其實有些野菜的近親，也是我們平常食用的疏菜，如莧菜。

二十種野菜，每種菜來個二三種烹煮法，也真是夠變化的了，有些是出乎你意料之外的，作者的確是有幾把刷子，可以有兔仔菜燒賣、刺莧餛飩湯、昭和草湯圓、碎米薺鮮魚捲、蝴蝶薑花茶、象草筍魯大腸、矮冷水麻水果沙拉、炒落葵小魚、鼠麴舅涼麵、香酥構樹果、龍葵地瓜甜湯、戟菜羅宋湯、鵝兒腸三明治……等，寫到這些野菜菜式，真是讓自己都餓了起來，看著一道道美食吞著口水，這些加起來真是個野菜全食大餐，一定讓一堆人大飽口福，飽餐一頓。

下回，你可以帶著這本《台北市常見的野菜》上山區，喝山中咖啡時閱讀著，然後，再來馬上可以身歷其境的吃野菜大餐，不過建議你還是找個在地餐廳來度個周末的快樂晚餐，你真想找野菜摘回家自己煮，那我是敬佩你囉，我相信這也是讀本書後的最高收穫境界。

我們專賣政府出版品—國家書坊

中華民國政府出版品專賣的主題書店「國家書坊」，歡喜服務國民已經兩年了。

這座中華民國有史以來陳列書種最齊全、展示最開放、裝潢最優美的政府出版品展售門市，就位在台視大樓地下一樓，是台視發展業務多元化，取得行政院研考會的公開招標專案，正式簽約加入經營政府出版品展售門市行列。

從台視一樓大廳右邊樓梯走下地下一樓，百來坪空間的書坊在眼前呈現，四周環繞的原木色木質書櫃和陳列平台、期刊架書櫃，營造出很舒適的書店空間，格調頗為優雅。

國家書坊這間全國最大的政府出版品展售門市，最大的特色就是專業化的營運，以寬敞的空間儘量陳列最齊全的書種，讓讀者感受到專業的服務，是一座匯集政府智識的寶庫，貼切道出國家書坊所呈現出來的價值。

所謂的政府出版品就是各級政府機關單位所出版的出版品，大部份都是書籍、期刊，包括部份影音光碟出版品。

先以中央政府機關來說，行政院各部會的出版品都在書坊裡齊集了，環視書坊，舉目所見有內政部、財政部、經濟部、教育部、交通部、外交部、研考會、經建會、農委會、文建會、國科會、勞委會、青輔會、僑委會、體委會、公平交易委員會、公共工程委員會、陸委會、原住民委員會、衛生署、新聞局、主計處、中央銀行……等部會的出版品，另外，隸屬總統府的國史館、中央研究院這兩個國家級學術機構的書也都滿滿一牆展現規模。其它監察院、考試院、立法院、司法院四大院的書，因為機關職責所致吧，銷售書種就比較少了。

中央機關外，全省各縣市地方政府轄屬機關的出版品數量也龐大可觀，因為業務執行關係，地方政府重要的出版品主要就來自文化局（或是文化中心），和縣史館或文獻委員會。

原則上說來，國家書坊的出版品可區分為幾大類別特色，最重要的，當然是行政院各部會機關所出版的相關業務書籍，內容紮實豐富，是政府施政的書面發表，更是政府智識的展現。而前述各縣市文化局和縣史館，加上國史館及其所轄屬的台灣文獻館、中研院，還有省政府所屬機關唯一提供出版品展售的台灣省諮議會等，這些單位出版的文史相關書籍，相當豐富可觀。

再來，就是業務範圍包山包海的農委會，加上隸屬內政部的國家公園，再加上如教育部的鳳凰谷鳥園等機關的出版品，構成了以自然生態和旅遊休閒為特色的主題書區，這部份出版品讀來比較輕鬆愉快的，因為和休閒、興趣有關，成為書坊向一般讀者主要介紹的書籍。說到旅遊休閒的書籍，還有交通部觀光局轄屬機關的各景點出版品，非常合宜出遊閱讀。

還有另一大類主題，就是文建會，加上各公立博物館、美術館等展覽機關所出版的藝術類書籍了，平常各位在參觀各展覽館時應已知道此類書籍，但書坊內齊聚這些書籍，讓有興趣的讀者可以一次看得夠，國立故宮博物院、歷史博物館、台灣博物館、自然科學博物館、台灣科學教育館、台灣藝術教育館、傳統藝術研究中心、中正文化中心、海洋科技博物館、鶯歌陶瓷博物館、台北市立美術館……等展覽館的藝術類書籍真的是自成一大藝術寶庫。

再說說一些比較特別的機關出版品，如國家圖書館出版相關圖書典藏介紹與作法的書籍、台大出版中心的重要學人撰述的書籍、國立傳統藝術中出版的傳統藝術專門叢書，還有衛生署中醫藥委員會和國立中國醫藥研究所等機關出版的中醫類書籍，非常專業也非常有意思。

比較可惜的是，隨著台灣書店在2003年年終結束營運，其所接手

出版經銷的前省教育廳出版的童書，這些本著教育熱忱精心編輯的童書，物美價廉，本在書坊陳列有一大櫃，如今也消失在歷史中了。

因為政府機關非營利機構的特性，其出版品難以一般書店為展售管道，一般民眾對政府出版品會比較陌生，國家書坊正是一個理想的展售天地。

親愛的讀者，挑個時間走訪國家書坊，觀享政府出版品的豐富，給自己一趟國家級的書香之旅，相信會讓您收穫豐富，滿載而歸。

國家書坊資料

地　　址：台北市八德路三段10號B1（台視大樓 B1）

電　　話：02-25787542、02-25781515-284

網　　址：http://www.govbooks.com.tw

閱讀《11樓》

「如果一系列帶有小說情節的散文富有詩的步調,為什麼不能嘗試呢?」這是作者夏渥客(小渥)在自序中的訴說,明寫出這本「11樓」的文字情調,一種帶有情感思緒的文字氛圍。

一種年輕少女的情感,洋溢著青春氣息的思緒,有著愛戀甜蜜的嚮往,也有著歡悲離合的哀愁,還有對未來不可知的迷漫,小渥在《11樓》裡寫出的青春歲月的心情浮沉,讀來,真是,讓人歡喜讓人憂。

一篇篇的隨筆,形式上,可以看作是散文、是新詩、或者是類小說的書寫,或者就全當作是心情隨筆這唯一的形式。從書裡,可以知道,小渥是有著濃郁的藝文情懷,她閱讀、她思索,之後,她自主的選擇最想也最能表達她抒情內涵的呈現方式。其實,形式是可以自由的不在乎,關於《11樓》關於小渥,要在乎的是小渥在文字中流露出的心情。

看小渥寫「隔壁桌的女子,在哭泣」,寫出情感失落的疲憊,寫「我是霧妳是酒館」,寫出情感困惑的嘆息,寫「養貓關係論」,寫出情感依戀的害怕,寫「寂寞自雨中獨舞」,寫出情感孤獨的寂寞,寫「變成你的旋轉木馬」,寫出情感愛戀的甜蜜,相信妳會喜歡。

看書中選出在封面上的那幾句話,「繞著你顛覆了昨日愛情的獨語,繞著你思念隨切線飛散開來,繞著你甜蜜卻孤單的在遊樂園裡旋轉,繞著你像一組注定成雙的茶壺與杯子,親愛的我說不要我們不能夠分開」,相信妳會喜歡《11樓》和小渥。閱讀《11樓》,是和文藝少女小渥的相遇,感受她情感的真誠,令人有一種心靈的觸動。

人生自是有情癡

你可能度過了那個年紀，你可能錯過了那種心情，度過或錯過，那，屬於對情感思緒很敏感的時候。

人生自是有情癡，我相信，若是錯過，那可能或應該是，自覺或不自覺的，來自外在生活的壓抑，那，此刻，這本《最美的季節》可以喚起你潛藏內心的情感。

我想，你是度過的，那，此刻，這本《最美的季節》可以喚起你美麗的回憶。

讀著書中一首首的情詩，感受著作者依著內心最直接的感覺，藉著詩意文字的抒發，讓濃烈的情思得以透過書寫的方式，得以沉澱，臻化為一種美，或許情感太繁覆、太濃密，甚而太獨我，或也顯得太濫情，但卻是個人私我最真切的情思表達，那是有著一種內心的最真。也許，讀這本詩集，該是一首一首，一天一天慢慢的讀，那就可以緩緩抒發。

談到情感，難免有落寞、遺憾或嘆息，但一若自然天地，四季幻變，冬春互換，才能深刻體會，愈是悲，也愈是喜，總是歡喜夾雜，人生如此。

我看到一個情感的旅人，將她旅程中的情話物語，譜成這本情思日記般的詩集，為我們留下一個最美的季節，屬於她，也是屬於你我。那是一般人都曾經有過的故事，藉著書中一首首情詩的閱讀，我們相思的心靈也再次碰撞。

編者的話：有父愛才能催生出來的一本畫冊

　　有機會幫同業前輩好友老孟，編輯這本他小孩子的畫冊，是很愉快的經驗。

　　我想這本畫冊的出版，表現出來最重要的事，是我以一個主編其書的伙伴，感受到老孟對小孩如此深情的關愛，為了把他心愛的小孩心愛的畫作編輯成冊，讓小孩的童年習畫歲月出版成書，幫小孩留下最美的童年生活記憶，他不斷表現出高度的熱忱和關心，配合著出版，他工作煩忙中，費心先整理數年來的畫作，和小孩學畫歲月點滴的留存照片，耐心參與編輯過程中不斷的溝通，還願意自費出版印刷成冊，雖然以我公司彩色數位印刷的設備和技術，可以一次只先印個數十本當做紀念的畫冊即可，但是整個下來畢竟也是上萬的費用，老孟只對我說了一句話：「為小孩做這件事，是非常值得的。」我感受到一個父親的父愛。

　　以一個專業出版人的角色來看，我真的認為這是一本很有價值的畫冊，它的編輯出版，對作者孟祥苗小妹妹有著很深的意義，對老孟和他的家人也是意義非凡，一本書能有如此的重要性，其價值無限。

　　以一個本書編輯的角色來看，我看到祥苗小妹妹在畫作上展現著高度的想像力，和技巧上一直進步的創作力，還有最重要的是，我感受到她對畫畫的熱愛和沉浸其中的愉悅，我，恭喜也祝福著她，不管以後，她以何種方式繼續畫著畫，她一定都會很高興、很珍惜並一生回味這段童年習畫的歲月。我相信這本畫冊，將是祥苗小妹妹一生中最值得收藏的物品之一。我也相信，這其實是一本可以當做孩童繪畫教育最好的了解書籍，天下父母可以參照。

一次便宜買好書的經驗

震災之後，在報紙上看到好像有義賣圖書的活動，對喜歡買書看的我，這是很好的賑災參與方式，不過一直沒有清楚訊息，10月3日就上重慶南路親自探訪，當然是沒訪到，不知是出版社和書店的活動配合不及，還是訊息報導有誤。

不過，卻意外的買到一堆便宜的好書，這次「意外的碰巧」讓自己又多了一次買書買得很高興的經驗。那天，經過光統書店，看到有紅布掛條告知有舊書特賣，已開始了一、二個月，反正就上去看看吧!上到三樓，發現還有三、四個書架仍擺滿了舊書出清，賣假是特別便宜，有三十元和五十元一本的，雖然乍看已經沒什麼好書可買了，不知是否被買得差不多了，不過，花了些時間，使出自己挑好書的本事，只花了三百元買到八本不錯的書，把明細列出來參考一下：

1. 流行陰謀（時報；定價380元），買50元
2. 鯨生鯨世（晨星；定價230元），買50元
3. 多媒體動畫設計（第三波；定價550元），買50元
4. excel 97使用手冊（旗標；定價480元），買30元
5. 卡夫卡的故事（白華；定價65元），買30元
6. 義大利短篇小說精選（圓神；定價100元），買30元
7. 加拿大短篇小說精選（圓神；定價100元），買30元
8. 大學書法（丹青；定價180元），買30元

有興趣的人可以看看是不是真的很便宜的買到一堆好書，這些書看起來都還不錯，有些舊而已，真的是賺到了，這種愉快的買書經驗，相信是喜歡買書讀的人都非常喜歡碰上的。

大學詞作

蝶戀花　90+4

雲去悠悠悠自意。
許是春來，好把閒情寄。
近樹綠青春意碧，舞蝶戀花春尋覓。
獨上高樓樓上立。
相伴微風，難忘長相憶。
山色惱人憑獨倚，無端空想心難抑。

踏莎行　90

午后春來，徐風慢慢，微搖草綠春風展。
覺來不醒夢中情，佳人倩影猶浮現。
窗外白雲，斜暉斜染，枝頭鳥語聲聲顯。
心思欲訴與人知，春來春去憑空喚。

忘紅顏　浪淘沙　90

夜半冷風寒，憑捲珠簾；
情思渺邈忘衣添。
飲罷一尊無用處，不解悵然。
獨飲對雕闌，月照寒潭。
誰知我愁緒難堪？
欲效古人邀月伴，暫忘紅顏。

愛生倦了　生查子 88

浮生如夢來，回首皆成幻。

莫道有情時，暗暗空哀怨。

笑忘情，心已倦。

揮拭重重嘆：

深愛盡紅塵，冷漠長相伴。

如夢令 88

落月憑窗獨倚，聞一曲簫聲泣。

秋月憶春花，花語可知人意？

尋覓，尋覓，堪見月花合意。

踏莎行 88

皓月高懸，清風拂面。

天空地靜人不見。

酒濃不解內心寒，笛聲伴景何生憾！

悽切悠揚，憑添傷感，

何人知我心哀怨？

池中月影淚猶垂，一杯飲盡愁難斷。

清平樂 90

情歸何處？戀慕無緣故。

試問人知情何物?怎奈無人傾訴。

情深何處堪尋？唯獨癡夢伊人。

相思恨難入夢，憶及倩影銷魂。

新詩：夜深讀書

寫於雪梨郊區深夜

　大地靜寂

　黑夜伴車行而過

　星空如明鏡似閃爍

　心靈與自然神思同遊

　夜深人自在

　展書無語和古人友

　生活如是復何求

出版履歷詩

上首

左手雜誌右手書，企劃業務皆發行；
兩做報紙跨網路，寫稿看稿亦主編。
門市賣書開二度，虛實通路任意行；
舊書新書經手印，出版自是有為癡。

中首

漢光時報再商周，年輕苦修本事處；
編輯業務加企劃，圖書雜誌皆可為。
以後歷練各地方，二本周刊加報紙；
門市之後做印刷，只剩來日總經銷。
譯者不是我本事，挑戰英文費時間；
作者看來容易事，可靠中文玩內容。
評論亦是也可為，之後再做出版人；
十年光陰歷顛簸，一路存心皆思索。

下首

閱讀自是有情癡，皆因師出文藝系；
惹上一身愛讀書，一生樂此過一生。
圖書雜誌加報紙，友好信件電子報；
雖說獨鍾文史哲，卻是全部不放過。

詩三首

陽明山嬉遊2004/6/14

風和日麗好出遊，三女一男結伴去；
先吃野菜看農家，再遊山路上山去。
菁山路上好山景，涓絲瀑布走一遭；
蟬聲悅耳竹林道，山中潭水赤腳玩。
小油坑處美山嵐，草綠山頭怡人心；
竹子湖處賞眾花，喝杯咖啡暫歇聊。
文化後山看夜景，偷看男女調情處；
下到天母溢香園，飽食一頓回家去。

記師大路帕夏瓦之夜 2004/6/5

十年嬉遊師大路，今夜流連帕夏瓦；
英人現場情歌唱，吉他播弄餘音繞。
香煙啤酒配鴨賞，中外美眉聚一堂；
先與淑娟獨樂樂，來日呼朋再來過。

記外雙溪一遊 2004/6/6

山林溪畔飲咖啡，坐看溪間戲水人；
峰巒相連好景致，蟬鳴環繞流水聲。
先前林中戲山水，洗完小腳洗小綠；
後來山中吃野菜，溪蝦土雞配白飯。
p.s 小綠就是愛的小車！

附錄二

雜誌行銷暨
書店行銷文案選錄

商業周刊

夾頁文宣零售版

買本期商業周刊搶先欣賞電影〈X情人〉

《商業周刊》讓您真摯感動，真情再現
現在購買本期商業周刊搶先欣賞電影〈X情人〉
全美連續兩週票房冠軍
5月23日全省真情再現

活動辦法：5月7～20日，到金石堂大台北地區門市買一本546期
　　　　　（5/7出刊）、547期（5/14出刊）商業周刊，現場送您
　　　　　電影〈X情人〉浪漫特映券乙張。
　　　　　結帳櫃台現場送；限量發送、送完為止！
　　　　　・放映地點：樂聲大戲院
　　　　　・放映時間：87年5月21日PM:7:00

電影原聲帶華納唱片感動發行（加logo）

主辦單位：商業周刊　美商華納兄弟公司
協辦單位：金石文化廣場
　　　logo：商周／華納／金石文化廣場

天花板垂掛海報

收銀機吊卡

櫥窗海報

雜誌架吊卡

大門海報

收銀台海報

商業周刊

夾頁文宣訂戶版

擁有本期商業周刊搶先欣賞電影〈X情人〉

《商業周刊》讓您真摯感動，真情再現
現在購買本期商業周刊搶先欣賞電影〈X情人〉

全美連續兩週票房冠軍

5月23日全省真情再現

索票辦法：商業周刊訂戶憑546期（5/7出刊）兌換券，填妥訂戶
　　　　　資料，可至商業周刊公司索取電影〈X情人〉浪漫特
　　　　　映券乙張。
　　　　　每位訂戶限索取一張；限量發送、送完為止！
索票地點：商業周刊公司 台北市敦化北路62號5樓
電　　話：02-27736611
索票時間：5月18日 中午12:00～13:30
兌 換 券：X情人（片名襯底／非文案）
　　　　　訂戶姓名：＿＿＿＿＿＿＿＿＿＿
　　　　　訂戶編號：＿＿＿＿＿＿＿＿＿＿

電影原聲帶華納唱片感動發行（加logo）

主辦單位：商業周刊 美商華納兄弟公司
協辦單位：金石文化廣場
　　logo：商周／華納／金石文化廣場

商業周刊

夾頁文宣零售版

《商業周刊》熱情推薦一部今年絕對感動的真情鉅獻
購買本期商業周刊請您觀賞電影〈啞巴歌手〉

用心聲唱出生命中真情的感動

活動辦法： 到大台北、台中地區新學友、何嘉仁、紀伊國屋等上
述書局購買商業周刊595期（4/15出刊）一本就送電影
啞巴歌手**優惠券**一張。

　＊優惠券使用方式：兩人同行一人免費，電影上映後皆可
　使用，電影預計4月底5月初上映，台北、台中、台南都
　可使用。
　＊電影確定上映日期請留意各大報電影看版，或電
　02-25156111學者電影。

活動洽詢專線：商業周刊客服部 (02)27736611轉213、214、215、
220、225
買就送！ 結帳櫃台現場送！ 行動要快！
logo：商周 / 學者 / 新學友 何嘉仁 紀伊國屋書局

商業周刊

報紙全十文宣

《商業周刊》熱情推薦一部今年絕對感動的真情鉅獻
購買595期商業周刊請您觀賞電影〈啞巴歌手〉

用心聲唱出生命中真情的感動

活動辦法： 到大台北、台中地區新學友、何嘉仁、紀伊國屋等上
述書局購買商業周刊595期（4/15出刊）一本就送電影
啞巴歌手**優惠券** ·張。

* 優惠券使用方式：兩人同行一人免費，電影上映後皆可
使用，電影預計4月底5月初上映，台北、台中、台南都
可使用。

* 電影確定上映日期請留意各大報電影看版，或電
02-25156111學者電影。

買就送！ 結帳櫃台現場送！ 行動要快！
logo：商周 / 學者 / 新學友 何嘉仁 紀伊國屋書局

e周刊

形象稿

網路新時代,
最符合現代人的財經周刊,
就是《e周刊》!
《e周刊》結合財經和電子商務的專業,
透過資深媒體人和專業財經人士的報導分析,
將龐雜的資訊做最好的整理,
讓您輕鬆掌握最快速、實用、專精的財經資訊,
完全滿足您網路新時代的需求,
讓您在競爭日益激烈的社會裡脫穎而出,成為贏家。

《e周刊》精彩內容

封面故事:詳盡報導最令人關注的議題
封面人物:深入報導最熱門的話題人物
專題企劃:精闢報導最重要的財經議題
新聞快遞:即時解讀重要財經政策商情
網路特區:解析電子商務資訊產業發展
e周理財:搶先報導金融理財投資先機
全球產業:探討全球熱門產業發展趨勢
企業透視:剖析企業經營發展成功策略

《e周刊》
讓您精確掌握瞬息變動的財經資訊,
讓您擁有勝過別人的財經優勢,
讓您從容面對新未來的競爭和挑戰,
讓您輕鬆達到成功致勝的目的。
週週看《e周刊》,引領新時代財經優勢!

e周刊

傳統書店活動海報

讀最優的財經周刊　喝最優的香醇咖啡
《e周刊》熱情招待讀者喝真鍋珈琲

到全省各大書店、超商，
購買《e周刊》第10期（8/3出刊）或第11期（8/10出刊）一本，
隨書送您真鍋珈琲館【買一送一咖啡優惠券】乙張。
活動時間：8月3日~16日

搶先購買，立即享用，行動要快喔！

《e周刊》最符合現代人的財經周刊，
讓您在商業時代輕鬆致勝！

細緻醇厚的口感，
加上香甜及圓滑的酸氣，
是鑑賞家的您不可錯過之選！
瓜地馬拉珈琲NT.120元（真鍋珈琲圖片說明）

圖片：e周刊封面、真鍋珈琲正片
logo：e周刊、真鍋珈琲

新新聞周報

圖書訂購單

《新新聞周報》誠摯推薦真情人生的好書─《映雪》

《映雪》作者：吳成文 定價：320元

　　故事主角陳映雪女士，她是目前國家衛生研究院院長吳成文的妻子，同時也是研究抗癌藥物的科學家。在1986年第一次發現乳癌後，歷經13年的抗癌歲月，將自己當作白老鼠，嘗試新的抗癌藥物及治癌方法，希望能提供給後進的學者做研究。雖然在1999年因癌症逝世，但她堅強抗癌的奮鬥史，永留在周遭朋友的心中；當然，感觸最深的，是與她相伴一生的丈夫，也就是本書的作者吳成文。

1. 訂《新新聞周報》

　　三個月15期特價990元（定價1485元），送您年度深情好書《映雪》。

2. 郵購《映雪》

　　1～20本8折 = 320元X 0.8 X本數（1本=256元）

　　21～40本以上75折 = 320元X 0.75 X本數（21本=5040元）

　　41本以上7折= 320元X 0.7 X本數（41本=9184元）

　　本活動至90年10月31日止

※您可以使用以下2種方式優惠訂閱《新新聞周報》

□郵政劃撥（帳號【13201218】、戶名：新新聞文化事業（股）公司）

　　請註明【映雪推薦專案】，及訂閱《新新聞周報》份數或購買《映雪》本書。

□信用卡訂閱（請填妥訂閱單資料傳真或郵寄至《新新聞周報》發
　行部收）

□VISA Card　　□MASTER Card　　□AE Card　　□JCB Card

□U Card

信用卡卡號：＿＿＿＿＿＿＿＿　有 效 期 限：＿＿＿＿年＿＿＿＿月

持卡人簽名：＿＿＿＿＿＿＿＿　身份證字號：＿＿＿＿＿＿＿＿＿

　1. 訂閱《新新聞周報》＿＿＿＿＿＿ 份

　2. 購買《映雪》圖書＿＿＿＿＿＿ 本／總金額：＿＿＿＿＿＿＿＿

　　雜誌圖書收件人：

　　性別：□男 □女　生日：＿＿＿＿／＿＿＿＿／＿＿＿＿

　　電話：（O）＿＿＿＿＿（H）＿＿＿＿＿ FAX：＿＿＿＿＿

　　收件地址：□□□＿＿＿＿＿＿＿＿＿＿＿＿＿＿＿＿＿＿＿

　　發票抬頭：＿＿＿＿＿＿＿＿　統一編號：＿＿＿＿＿＿＿＿

　　聯 絡 人：＿＿＿＿＿＿　電話：（O）＿＿＿＿＿（H）＿＿＿＿

　　E-mail：＿＿＿＿＿＿＿＿＿

　　＊24小時訂閱傳真專線：（02）2321-9264

　　＊訂閱服務專線：（02）2327-9977轉431 或（02）2327-9966

　　《新新聞周報》社址：106台北市大安區金山南路二段200號6樓

國際投資月刊

訂閱稿

理財投資最大贏家就是您

國際性金融商品不斷推陳出新，
市場行情全球連動、瞬息萬變，
您需要最迅速的專業分析報導，
閱讀**Financial World國際投資月刊**，
讓您輕輕鬆鬆成為理財投資最大贏家。

國內第一本全球金融商品投資專業月刊，
讓您掌握最新國際金融投資實務，
讓您擁有最快速創新的投資手法。
（放封面：inancial World 國際投資月刊）1年12期原價2160元
＋（放封面：香港證券市場投資實務）定價320元／350頁精裝
＝原價2480元
＝優惠價1800元

寶來證券針對香港股市策劃推出，內容涵蓋了香港總體經濟、股票、產業及其它各項廣泛於香港市場流通之新種類金融商品，是投資香港證券市場必備之研讀寶典。

- 請使用書後專用訂閱劃撥單訂閱。
- 訂閱服務專線：（02）26579211分機18或15

國家書坊

開幕促銷稿

國家書坊台視總店～開幕誌慶　全館9折

中華民國政府出版品展售門市─國家書坊台視總店

現正舉辦~~開幕誌慶 全館9折~~特惠促銷活動

還有更多的促銷優惠

1. 八折好書展
2. 69元特價好書展
3. 購書金額超過2000元，再送您八折優待券乙張

開幕促銷活動，只到6月底喔！　請把握難得的優惠期間！

***誠摯邀請您到 **國家書坊** 享受國家級的書香之旅

*****國家書坊** 是中華民國有史以來 陳列書種最齊全、展示取閱最開放、設計裝潢最優美、的政府出版品展售門市。

門市：北市八德路三段10號B1 （台視大樓）

門市電話：25787542

門市營業時間：星期一至星期日，早上10點到晚上7點

秀威書城

開幕促銷稿

賀　秀威數位典藏中心　內湖科技園區熱鬧成立

（用店招＋英文）

秀威書城量販書庫　　　7月16日（二）起開張試賣

（用店招字體）

促銷熱賣第一波　　時報出版好書 全面7.9折特賣

讓您暢銷好書，特價買不完

精選每月好書　特價7折優惠：

臺灣50指數ETF投資實務（放封面）

此書由寶來證券內容策劃，讓您讀完之後輕鬆買賣今夏最HOT的

投資理財商品臺灣50指數ETF。

精選中華民國政府出版品　特價9折

其它熱賣商品：

秀威數位出版BOD學術著作和個人著作叢書

***如何到秀威書城＋地圖

logo秀威數位典藏中心

地址：台北市內湖區瑞光路583巷25號1樓

聯絡電話：2657-9211分機17　　傳真：2657-9106

附錄三

讀過好書推薦

至2002. 3. 16的大致整理

<時報出版>

生命中不能承受之輕、異鄉客、緩慢、不朽、生活在他方、
看不見的城市、如果在冬夜，一個旅人、馬可瓦多、惶然錄、
帕洛瑪先生、給下一輪太平盛世的備忘錄、不存在的騎士、
悠遊小說林、辛德勒的名單、萬里任禪遊、智利秘密行動、
杜瓦特家族、尤里西斯導讀、解剖師與性感帶、種樹的男人、
六個非道德故事、麥迪遜之橋、遇見100%的女孩、聽風的歌、
舞舞舞、雪夜裡的眼淚、邊境近境荒人手記、鱷魚手記、
離魂歷劫自序、看世紀末向你走來、閑話閑說、我的不安、
乾杯吧！托瑪斯曼、市廛居、天河撩亂、與藝術相遇在紐約、
後現代／4人、喜劇演員、一個運動的開始、週期表、
尋找地球刻度的人、千禧年—古爾德三問、打開咖啡館的門、
黑白巴黎、大未來、權力遊戲、性的歷史、感官之旅、愛之旅、
資訊焦慮、暴力失樂園、後資本主義社會、科學之終結、
白滿年代、不確定的年代、利器、噪音、HQ心能量開發法、
職場啟示錄、知識經濟大趨勢、虛幻曙光、權力的剖析、
爆米花報告、模特兒、流行陰謀、紙老虎、與時間有約、
4444億的教訓、新爆米花報告、廣告人也瘋狂、新男人、
管理未來、大學之理念、羅蘭巴爾特、傅科的生死愛慾、
詩人政治家哈維爾、火燒島第一期新生、革命現場1966、
從二二八到五〇年代白色恐怖、馬克思背後的女人、美國、
中國大陸人口增長的多重危機、十年風雨：文革後的大陸理論界、
覆面部隊：日本白團在台秘史、大處思考：公關教父柏奈斯、
我的姊姊張愛玲、七〇年代理想繼續燃燒、縱浪談、田園筆記、
七〇年代懺情錄、群子底下的劇場、梵谷、畢卡索、貝多芬、
羅特列克、莫內、認識布雷希特、詩壇苦行僧周夢蝶

＜志文出版＞

羅素回憶集、羅素傳、羅素散文集、沙特自傳、
二十世紀智慧人物的信念、讀書的藝術、海明威小說選、
上帝之死、智慧之路、蛻變、憨第德、馬爾泰手記、
小說面面觀、知識與愛情、玩笑、夢的精神分析、
自我的追尋、禪與心理分析、智識人的良知、
少女與吉普賽人、畢卡索藝術的秘密、史懷哲傳、
芥川龍之介的世界、羅生門／河童、歷史人物的回聲、
懷疑論集、老人與海、再訪美麗新世界、故事的真相、
波法利夫人、一九八四、蒼蠅王、動物農莊、莎士比亞的故事、
禪學隨筆、愛與生的苦惱、脂肪球/流浪者、魂斷威尼斯、
巴黎的憂鬱、薛西佛斯的神話、圖騰與禁忌、金閣寺、
自卑與超越、日常生活的心理分析、讀書的藝術、
電影的導演藝術、世界電影新潮

＜遠流出版＞

布紐爾自傳、電光幻影一百年、費里尼對話錄、
發現安哲羅普洛斯、奇士勞斯基論奇士勞思基、
路易馬盧訪談錄、再見楚浮、實用電影編劇技巧、虛擬入侵、
新世紀設計-時尚潮流、新擁抱未來、歷史的暗流、她鄉女紀、
BOBO族、可移動的文化饗宴、大說謊家、美國郵簡、
擦肩而過、芙蓉鎮、四喜憂國、天龍八部、台北歷史散步

＜新新聞出版＞

我不愛凱撒、都是為她、宙斯的女兒、滿星疊悲歌、黎兒流、
素描許達然、流浪在海綿城市、機械時代、映雪、
單身寄生時代、風在蔚藍海岸、旅人、一個人玩紐約、

超越馬基維利、神學士、經濟是權利也是文學、
總統先生的同學會

＜麥田出版＞

60年代、女哲學家與她的情人、留學美國、否想香港、
尋找太平天國、花憶前身、古都、祖先遊戲、
變臉中的印第安人、哈佛心影錄、薩伐旅、無夢時代、
走過銳變的中國、強悍而美麗、台灣念真情之尋找台灣角落、
大決策的智慧、我們會見到明天嗎？、八百萬種死法

＜皇冠出版＞

香水、玫瑰的名字、傅科擺、昨日之島、賦別曲、
可愛的笑、張愛玲小說集、宿命論者雅克和他的主人

＜商務出版＞

未央歌、虛構的筆記本、蒙田隨筆全集、物種起源、
新時代的歷史觀、閱讀地圖 、旅途上、達摩流浪者、
無夢樓隨筆、讀書三昧

＜立緒出版＞

世紀末、坎伯生活美學、鄉關何處

＜正中出版＞

死亡的尊嚴與生命的尊嚴、回歸內在、李維史陀對話錄、
以薩·柏林對話錄

＜大塊出版＞

顛覆廣告、革命前夕的摩托車之旅、潛水鐘與蝴蝶、
背著電腦，到歐洲流浪

\<天下出版\>

城市人、創意人、張忠謀自傳、廣告大師奧格威、
破局而出、樂在工作、杜拉克看亞洲、偶然生為亞裔人、
蓋茲的野蠻兵團、大滅絕、你管別人怎麼想、
別鬧了，費曼先生、電腦叛客、個人歷史（上、下）、
躍升的南方、跌倒在旅行地圖上、沙郡年記、堤契諾之歌

\<臉譜出版\>

時間的女兒、行銷大師法則、網路商機、領導自己

\<聯合文學\>

讓高牆倒下吧、蒙馬特遺書、傲慢與偏見、台灣查甫人、
地圖集、文學不安—張大春的小說意見、小說稗類、
撒謊的信徒、沈從文自傳

\<聯經出版\>

海德堡語絲、閱讀之旅（上下）、旁觀者、
泰絲大王：金湯森傳奇、黑心、不確定年代的專案管理、
全球資本主義危機

\<商周出版\>

李敖快意恩仇錄、民粹亡台論、香港1997、蔣介石評傳（上）、
還財於民、寫作、觀念、廣告遊戲、第二曲線、大審判、
丹諾自傳、罷黜董事長、經營大師開講、資訊超載、
網路優勢三十六計、亞馬遜網路書店發跡傳奇、
行銷人的第一本書、馬斯洛人性管理經典

<智庫出版>

曠野的聲音、蘇菲的故事、何必獅吼、假日飯店傳奇
JUST DO IT 透視耐吉如何締造運動王國、商場魔蠍戰士

<洪範出版>

讀中文系的人、思念、月娘照眠床、畫/話本、陪他一段、
像我這樣的一個讀者、店仔頭

<當代出版>

後現代主義與文化理論、人在紐約、辨證法的黃昏

<小知堂出版>

惡童日記、夏先生的故事、鴿子、低音大提琴、企劃書事典

<允晨出版>

愛在瘟疫漫延時、阿根廷螞蟻、哈佛瑣記、

<馬可波羅出版>

足跡

<紅色出版>

村上春樹的世界

<大樹出版>

赤道無風

<大田出版>

給自己一首詩

<晨星出版>

鯨生鯨世

<玉山社出版>

小矮人之謎

<桂冠出版>

戀人絮語、理念的人、批評與真實

<水牛出版>

麥田捕手

<牛津出版>

小說的藝術、被背叛的遺囑、人論二十五種

<圓神出版>

野火集、青春、今生緣會

<先覺出版>

乳房的歷史

<萬象出版>

溫德斯論電影

<爾雅出版>

愛喝咖啡的人、愛因斯坦的夢、文化苦旅

<世界文物>

顧爾德面面觀、曼紐因訪談錄

<季節風出版>

山居歲月、歌之版圖

<揚智出版>

文化工業、爵士樂

<月旦出版>

保羅麥卡尼與披頭四

<台灣攝影出版>

明室、迎向零光消逝的年代

<探索出版>

自己的房間、獄中書簡

<九歌出版>

鐵達尼號沉沒記、流動的饗宴

<健行出版>

媽媽們的舌頭

<台灣英文雜誌社出版>

雪梨

<商智出版>

成長戰爭、犧牲、HBD成功法則、掀倫敦的底

<創興出版>

建築電影院、鳥國狂

<今日出版>

何索

<遠景出版>

背德者

<滾石出版>

如何做廣告

＜天一出版＞
廣告寫作的藝術

＜蓬萊出版＞
唱起唐山謠

＜捷幼出版＞
魏京生前傳

＜絲路出版＞
哈雷騎士朝聖之旅

＜希代出版＞
懷念蕭珊

＜培根出版＞
上了旅行的癮

＜經典傳訊＞
巴黎迴旋曲、喜悅的皺紋

其它

河殤、懺情書、巴黎咖啡香、如何使思想正確、
台灣新文學運動40年、中國新文學整體觀、賈姬面具下、
紐約調調兒、推開文學家的門、卡繆札記、
卡夫卡的寓言與格言、人喜歡被騙、 人類的故事、烏托邦、
流浪者之歌、紅字、契柯夫傳、托爾斯泰傳、盧騷懺悔錄、
初戀、狄更斯生平及其代表作、西洋傳奇故事、傲慢與偏見、
豐子愷文選1、2、3、男性解放、我們是女同性戀、
沙上的腳跡、慧眼初開、卓別林傳、面對管理時代的大師、

徐訏二三事、家變、小王子、邊城、駱駝祥子、聞一多傳、
男人的一半是女人、狂人日記、阿Q正傳、巴金、隨感錄、
棋王樹王孩子王、雅舍小品、雅舍小品續集、
西雅圖雜記、性意識史、時空遊戲、金陵舊夢、吉姆賈木許、
日本不是天堂、從嬉皮到雅皮、上海的風花雪月、
上海舊影—十里洋場、紅樓夢、鏡花緣、水滸傳、倫語、
走向澳大利亞、風雨澳洲路

<人民文學>

文字生涯

<雲南人民>

博爾赫斯與薩瓦托對話

<遼寧教育>

往事重重

<關於出版的書>

1. 圖書出版的藝術與實務 ---- 周知文化

2. 書籍出版的藝術與技巧 ---- 淑馨

3. 出版大崩壞 ---- 尖端

4. 美國雜誌一百年 ----- 三思堂

5. 日本雜誌百年巡禮 ---- 三思堂

6. 日本書店商品管理 ---- 三思堂

7. 日本的出版界 ---- 台灣東販

8. 台灣出版文化讀本 ---- 唐山

9. 隱地出版心事 ---- 爾雅

10. 時代七十年 ---- 天下

11. 媒體帝王 ---- 智庫

12. 時代之眼 ---- 智庫

13. 讀者文摘傳奇 ---- 智庫

14. 傳媒大法師 ---- 智庫

15. 從翰林到出版家 ---- 商務

16. 憤怒書塵 ---- 商務

17. 歐洲青少年文學暨兒童文學 ---- 遠流

18. 紙老虎 ---- 時報

19. 模特兒 ---- 時報

20. 亞馬遜網路書店發跡傳奇 ---- 商周

21. 書店風景 ---- 大地

22. 誠品副作用 ---- 新新聞

23. 暢銷書 ---- 新新聞

24. 報人王惕吾：聯合報的故事 ---- 聯經

25. 雜誌 ---- 允晨

26. 如何成為編輯高手 ---- 月旦

27. 讀書，這一行 ---- 月旦

28. 如何閱讀一本書 ---- 桂冠

29. 知識份子論 ---- 麥田

30. 編輯人的世界 ---- 天下

31. 工作DNA ---- 大塊

32. 我生命中的書 ---- 新雨

33. 愛書人的喜悅 ---- 雙月

34. 因緣際會 ---- 商智

35. 讀書的輓歌 ---- 中國對外翻譯出版公司

36. 台灣出版史 ---- 河北教育出版社

37. 中國書商

38. 東京讀書筆記本 ---- 新新聞

39. 查令十字路84號 ---- 時報

40. 英倫書房 ---- 牛智

我在秀威服務編務的書

不見目錄的「最後附錄」

〈歷史長河系列〉

HI0001	材料也神奇—科技學者許樹恩的一生傳奇	許樹恩
HI0002	巴拿馬華僑150年移民史	徐光普 譯 Juan Tam 著
HI0003	在真空中求成長—鄭天佐院士一生有趣的回憶	鄭天佐

〈秀威叢書系列〉

SW0006	孩子們，這是我與你們的日記	瞿仲達

〈大陸學者叢書〉

CG0001	二十世紀三四十年代中國小說敘事	張中良
CG0002	文化的轉軌	程光煒
CG0003	林語堂的文化選擇	王兆勝
CG0004	海派小說論	李 今
CG0005	中國當代散文發展史略	李曉虹

〈BOD學術著作系列〉

史地傳記類	非政府組織與國際合作在中國— 華洋義賑會之研究	黃文德
社會科學類	我國高職教育發展之比較分析	廖年淼
社會科學類	教師教學專業之研究	廖年淼
社會科學類	公共關係與競選策略— 2004大選連宋總部新聞發布實例研究	葉元之

社會科學類	民進黨執政後的中共對台政策	洪儒明
社會科學類	以色列總理選舉制度的變遷	林東璟
社會科學類	旅美學者看台灣— 二十一世紀臺灣社會考察與分析	張文瑜 等
社會科學類	中美台戰略趨勢備忘錄（一）（二）	曾復生
社會科學類	桌球運動選手背景變項與團隊凝聚力 相關之研究	白慧嬰
商業企管類	大車拼	邱文福
商業企管類	全方位財務人—財務設計顧問的工具書	黃怡仁
語言文學類	台灣當代傳記文學研究	鄭尊仁
語言文學類	丹楓醉倒秋山色—東籬樂府研究	蘇倍儀
語言文學類	鄭振鐸戲劇論著與活動述評	余蕙靜
語言文學類	鍾馗研究	鄭尊仁
語言文學類	《四庫全書》收錄臺灣文史資料之研究	吳麗珠
語言文學類	明末清初劇作家之歷史關懷	康逸藍
語言文學類	語言類型與節律體系（俄文）	張國慶
語言文學類	晚唐五代詠史詩之美學意識	賴玉樹
語言文學類	新編王庭筠年譜	李宗慬
語言文學類	從《聊齋志異》論蒲松齡的女性觀	藍慧茹

<BOD個人著作系列>

哲學宗教類	老子旨歸	劉執中
哲學宗教類	孟子思想體系	劉執中
哲學宗教類	科幻時代人生必讀新三字經	韓振方
哲學宗教類	雁行雙飛慶金婚	韓振方
史地傳記類	太行山下	郭靖環

社會科學類　起向高樓敲曉鐘　　　　　　吳正牧
商業企管類　故事裡的創意　　　　　　　邱慶雲
語言文學類　11樓　　　　　　　　　　　夏渥客
語言文學類　閩南飛台灣　　　　　　　　游施和
語言文學類　怡然自得　　　　　　　　　林東璟
語言文學類　想念的味道　　　　　　　　廖千慧
語言文學類　請不要說再見　　　　　　　蕭仁隆
語言文學類　捕捉感傷　　　　　　　　　賀　星
語言文學類　母親屋裡的那盞燈　　　　　記　省
語言文學類　濤軒散記　　　　　　　　　張如漢
語言文學類　真是神話人生　　　　　　　何　坦
語言文學類　他來自台灣　　　　　　　　黃一哲
語言文學類　土耳其滾半圈　　　　　　　曹嘉芸
語言文學類　駭網情深（上）（下）　　　楓　情
語言文學類　銹劍集　　　　　　　　　　朱嘯秋
語言文學類　東鱗西爪　　　　　　　　　王　之
語言文學類　七十年之癢　　　　　　　　李麗申
語言文學類　龍套春秋　　　　　　　　　黨醒然
語言文學類　小兵報到，前進塢坵　　　　劉立漢
語言文學類　時間河流　　　　　　　　　張綺凌
語言文學類　輪椅異國婚姻之心路歷程　　吳真儀
語言文學類　坐在星星上等天亮　　　　　林珮綺
語言文學類　開始，結束，然後呢　　　　阿　費
語言文學類　雪梨情緣遊與學　　　　　　李坤城

國家圖書館出版品預行編目

雪梨情緣遊與學 / 李坤城著. -- 一版. -- 臺
北市：秀威資訊科技, 2005[民 94]
面 ；　公分. -- (語言文學類 ; PG0034)

ISBN 978-986-7614-94-0(平裝)

1. 澳大利亞雪梨 - 描述與遊記

771.7519　　　　　　　　94001095

 語言文學類　PG0034

雪梨情緣遊與學

作　　者 / 李坤城
發 行 人 / 宋政坤
執行編輯 / 李坤城
圖文排版 / 莊芯媚
封面設計 / 莊芯媚
數位轉譯 / 徐真玉　沈裕閔
圖書銷售 / 林怡君
法律顧問 / 毛國樑　律師
出版印製 / 秀威資訊科技股份有限公司
　　　　　台北市內湖區瑞光路 583 巷 25 號 1 樓
　　　　　電話：02-2657-9211　　　傳真：02-2657-9106
　　　　　E-mail：service@showwe.com.tw
經 銷 商 / 紅螞蟻圖書有限公司
　　　　　台北市內湖區舊宗路二段 121 巷 28、32 號 4 樓
　　　　　電話：02-2795-3656　　　傳真：02-2795-4100
　　　　　http://www.e-redant.com

2005 年 1 月 BOD 一版
定價：280 元

讀　者　回　函　卡

感謝您購買本書，為提升服務品質，煩請填寫以下問卷，收到您的寶貴意見後，我們會仔細收藏記錄並回贈紀念品，謝謝！

1. 您購買的書名：_____

2. 您從何得知本書的消息？

　　□網路書店　□部落格　□資料庫搜尋　□書訊　□電子報　□書店

　　□平面媒體　□ 朋友推薦　□網站推薦　□其他_____

3. 您對本書的評價：(請填代號　1.非常滿意 2.滿意 3.尚可 4.再改進)

　　封面設計____　版面編排____　內容____　文/譯筆____　價格____

4. 讀完書後您覺得：

　　□很有收獲　□有收獲　□收獲不多　□沒收獲

5. 您會推薦本書給朋友嗎？

　　□會　□不會，為什麼？_____

6. 其他寶貴的意見：_____

_____

_____

_____

讀者基本資料

姓名：_____　年齡：_____　性別：□女 □男

聯絡電話：_____　E-mail：_____

地址：_____

學歷：□高中(含)以下　　□高中　　□專科學校　　□大學

　　　□研究所(含)以上　□其他_____

職業：□製造業 □金融業 □資訊業 □軍警 □傳播業 □自由業

　　　□服務業 □公務員 □教職　□學生 □其他_____

To：114

　　台北市內湖區瑞光路 583 巷 25 號 1 樓

　　秀威資訊科技股份有限公司　　　收

寄件人姓名：

寄件人地址：□□□

　　　　　　　　　　　　　　　　（請沿線對摺寄回,謝謝!）

秀威與 BOD

BOD（Books On Demand）是數位出版的大趨勢,秀威資訊率先運用 POD 數位印刷設備來生產書籍,並提供作者全程數位出版服務,致使書籍產銷零庫存,知識傳承不絕版,目前已開闢以下書系:

一、BOD 學術著作—專業論述的閱讀延伸
二、BOD 個人著作—分享生命的心路歷程
三、BOD 旅遊著作—個人深度旅遊文學創作
四、BOD 大陸學者—大陸專業學者學術出版
五、POD 獨家經銷—數位產製的代發行書籍

BOD 秀威網路書店：www.showwe.com.tw
政府出版品網路書店：www.govbooks.com.tw

　　　永不絕版的故事・自己寫・永不休止的音符・自己唱